对外投资理论与实践丛书

STUDY ON THE CAUSES AND PROCESS OF FDI RELOCATION

跨国公司对外直接投资

区位转移分析

刘宝成◎著

经济管理出版社
ECONOMY & MANAGEMENT PUBLISHING HOUSE

图书在版编目（CIP）数据

跨国公司对外直接投资区位转移分析／刘宝成著. —北京：经济管理出版社，2018.10
ISBN 978-7-5096-6103-1

Ⅰ. ①跨…　Ⅱ. ①刘…　Ⅲ. ①跨国公司—对外投资—直接投资—研究
Ⅳ. ①F276.7

中国版本图书馆 CIP 数据核字（2018）第 240698 号

组稿编辑：王光艳
责任编辑：魏晨红
责任印制：黄章平
责任校对：董杉珊

出版发行：经济管理出版社
（北京市海淀区北蜂窝 8 号中雅大厦 A 座 11 层　100038）
网　　址：www.E-mp.com.cn
电　　话：（010）51915602
印　　刷：北京晨旭印刷厂
经　　销：新华书店
开　　本：720mm×1000mm /16
印　　张：11.25
字　　数：195 千字
版　　次：2020 年 8 月第 1 版　　2020 年 8 月第 1 次印刷
书　　号：ISBN 978-7-5096-6103-1
定　　价：68.00 元

前　言

随着经济全球化的发展，跨国公司在全球范围内安排生产经营活动，其对外直接投资（FDI）遍布世界各个角落。然而，FDI 的空间分布并不是均衡的，不同国家和地区吸收的 FDI 有着很大的差异，并且随着国际直接投资环境的变化，投资流动的目标区位也会发生相应变动。跨国公司对外直接投资的目标区位的空间转移，即是 FDI 区位转移，这种转移无论是对不同国家来说，还是对一国内部不同地区来说，都有着重要影响。

跨国公司的投资选择问题得到了学术界和政府的广泛关注，但是目前对跨国公司 FDI 区位问题的研究，多是在 FDI 已有了区位结果的基础上进行的静态分析，对于 FDI 从一个目标区位动态地转向另一个目标区位则缺乏系统研究。跨国经营作为企业生产经营地点的空间转移或延伸，对其研究必须从空间和区位问题着手，对 FDI 区位问题的研究也不应该仅仅停留在分析区位因素的层面上，而应该深入研究跨国公司 FDI 区位选择和转移的动因和变动模式，这正是本书的研究立意所在。

本书除导论外，共分六章。各章的主要内容和结论如下：

第 1 章“FDI 区位的动态变化及研究现状”总结了国际直接投资区位的动态变化，通过对国内外学者有关 FDI 区位选择的研究文献的综述，指出了现有理论对区位转移问题研究的不足，从而引出了本书的研究方向。

第 2 章“FDI 区位选择的因素分析”是对 FDI 区位选择的决定因素的具体分析。本章首先阐述了影响跨国公司的区位因素以及跨国公司的区位选择模式，然后系统分析了古典区位理论、产品生命周期理论、国际生产折衷理论和边际产业理论中对区位优势和区位因素的研究。在此基础上，本章进一步从动态角度分析了产品生命周期理论、国际投资阶段理论、国家竞争优势理论和动态比较优势投资理论，阐释了 FDI 区位选择理论中区位因素的动态性。FDI 的区位转移可以视为动态的区位选择过程，FDI 区位因素的变动即成为 FDI 目标区位变动的基本动因。

第 3 章“FDI 区位转移的模式分析”借鉴了许多空间经济学的理论进行分析，力图从理论上考察 FDI 区位转移的变动模式。首先，引入空间经济学中聚集力和扩散力的概念，与 FDI 区位选择决定因素的变动相结合，得出了引起 FDI 区位转移的推力和拉力因素；其次，引入企业迁移的理论，用于对 FDI 的区位转移过程的分析。分析 FDI 在不同空间区位之间转移的变动过程，与推力和拉力因素相结合，从而构建了 FDI 区位转移的一般模式。在一般模式的基础上，本章进一步引入了空间经济学的一些原理（包括增长极理论、中心—外围模型理论、梯度转移理论和产业聚集力理论），将其作为 FDI 区位转移的具体模式，为以后章节的实证分析作了理论铺垫。

第 4 章“FDI 区位转移的实证经验”是对世界范围内 FDI 区位转移的经验分析，通过具体案例检验了 FDI 区位转移一般模式的适用性。首先，借助企业迁移与盈利空间界限的理论，通过国外案例检验了两种影响 FDI 区位转移的因素：要素成本和公共补贴。其次，从国际产业转移的角度分析了 FDI 的区位转移，以日本和美国对中国及东亚其他国家和地区（包括东盟和“亚洲四小龙”）的投资变化为例，考察了中国在吸收日本和美国 FDI 过程中对东亚其他国家和地区的影响，从而阐释了区位优势相似东道国之间的投资转移。本章得出的结论也可以为第 5 章对中国的分析提供有益的借鉴。

第 5 章“FDI 在中国的区位选择因素和区位转移模式”实证分析外商对华直接投资的区位问题。首先，通过对 FDI 在中国渐进式扩张过程的概述，分析了外商直接投资对我国区位选择要素的动态性要求；其次，通过分析外商对华直接投资区域分布的变化，指出了我国外商投资转移呈现出“北上、西进”的梯度转移趋势，进而分析了外商直接投资“北上”的主要因素和外商投资向中、西部地区转移中存在的问题并提出政策建议；再次，通过对 FDI 地理集中指数的测算，得出 FDI 在我国中心—外围扩散转移的表现，进而分析了外资企业向东部省份的落后地区及中、西部地区进行投资转移的考虑因素并提出政策建议；最后，建议把梯度转移与中心—外围扩散转移相结合，采取有效政策促进 FDI 在国内合理、有序地转移，从而促进我国区域经济的协调发展。

第 6 章“结论及进一步的研究”，总结了本书的主要结论，并指出了研究中存在的不足之处和进一步研究的方向。

目　录

导　论

跨国公司在全球范围内安排生产经营活动，其对外直接投资（Foreign Direct Investment，FDI）遍布世界各个角落。作为资金、信息、技术、商品和服务在各国之间流动的重要载体，FDI 对东道国经济发展的积极作用日益受到重视。因此，各国政府和各级政府机构都竞相吸引 FDI。

然而，FDI 区位的空间分布并不是均衡的，不同国家和地区吸收的 FDI 有着很大差异，而且随着国际直接投资环境的变化，投资流动的目标区位也会发生变化。是什么因素促使 FDI 区位发生动态变化？各东道国政府应该如何保持对 FDI 的持续吸引力？应该如何引导 FDI 在本国内部各区位之间的流动以促进地区经济协调发展？这些都是值得思考和讨论的问题。

0.1　问题的提出和研究意义

0.1.1　FDI 区位的动态变化

FDI 区位的动态变化，可以从两个层面进行考察：一个是 FDI 在世界范围内各个国家和地区之间的流动变化；另一个是 FDI 在一个国家内部不同地区间的流动变化。

0.1.1.1　FDI 在世界范围内的流动变化

总体上看，当前全球对外直接投资的格局以发达国家间的相互投资为主，发达国家作为主要受资国和主要投资国的基本格局没有改变，但投资流向有所变化。20 世纪 80 年代以来，FDI 以美国、西欧、日本三极相互流动为主，且在三极中的流向不断变化：80 年代中期以后，西欧（主要是英国）成为 FDI 流入的重点区域；90 年代，美国成为 FDI 流入最多的区域；

90年代中期以后，日本吸收的FDI大幅增加。90年代初期，FDI向发展中国家和地区倾斜，流入发达国家的比重下降，从1994年开始，发达国家在FDI流入量中所占的比重又开始上升，但波动性很大（见图0-1）。

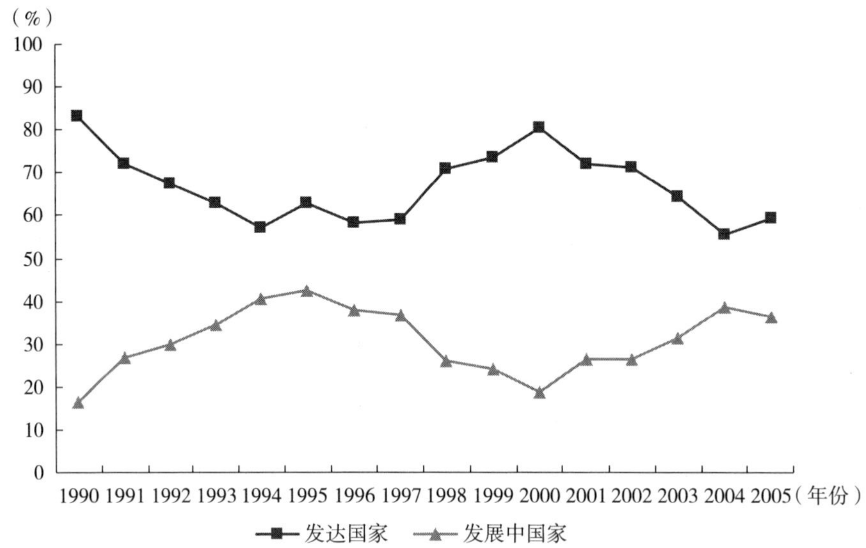

图0-1 20世纪90年代以来发达国家和发展中国家吸收FDI的流量变化

FDI在发展中国家和地区的区位也是不断变化的。20世纪80~90年代，东亚、东南亚的新兴工业化国家和地区以及新市场化国家是FDI流入的热点地区，其中中国自1993~2005年连续成为发展中国家中吸引FDI最多的国家，居世界第一或第二位。20世纪80年代末，FDI在发展中国家的流向多元化，拉美也成为FDI流入的主要地区之一；90年代初中期，中、东欧的转型国家成为国际投资的新热点，而非洲则始终处于边缘区。

20世纪90年代以来，FDI流动表现出明显的区域内偏好，欧盟内部相互投资的比重远大于向区域外投资，美国和加拿大的对外直接投资集中在北美自由贸易区，亚洲新兴工业化国家和地区的投资也通常以区域内为首选。

总之，FDI在世界范围内的宏观区位的变化通常表现为随经济的波动而变化，经济增长地区始终是FDI流入的热点地区。

0.1.1.2 FDI在一个国家内部的流动变化

FDI在一个国家内的区位变化规律表现为：一般是先集中，后随时间逐步扩散。就发达国家而言，如在美国、英国、德国和西北欧，FDI主要集中于经济发达地区，一般先在大都市地区集聚，后向其他地区转移。

发展中国家的外资多集中于主要经济中心，尤其是首都和区域中心城市及沿海发达地区，这种集中分布的外资会随时间逐步向其他地区扩散。以中国为例①，外资集中在沿海地区，形成了三大热点投资区：珠江三角洲、长江三角洲、环渤海地区，而且在开放城市、中心城市和经济特区最为密集。从区域层面上看，这种大集中的格局中又形成了以经济开发区、大都市内高级商务和会议中心所在地、大都市郊区交通便利的地区最为集中的小集中格局。这种集中分布的外资企业，在20世纪80年代后期开始从南部向北部移动，从东部沿海向内地推进，形成“北上、西进”的态势。这种扩散在中国具有明显的特色，与中国对外开放的时序和空间层次（经济特区→沿海开放大城市→沿江、沿边、沿线（铁路）→全国全方位开放）一致。从微观区位层面上看，也呈现出从城市区向郊区、从中心城市向周边县市和乡镇扩散的趋势。

0.1.2 FDI区位变动的研究意义

对FDI目标区位变动的研究具有重要的现实意义。我们可以通过下面的两个例子予以说明：

第一，由于经济发展水平和产业结构相似，中国和东盟国家在吸引FDI方面竞争激烈。在吸收FDI的业绩上中国和东盟国家存在巨大反差，1990年东南亚地区吸引的FDI是中国的4倍，2002年中国则是它们的4倍。2002年、2003年，中国吸收的FDI流量分别达527亿美元、535亿美元，连续两年成为世界上最大的FDI东道国；同期，马来西亚利用FDI从32.03亿美元下降至24.74亿美元，菲律宾从17.92亿美元下降到3.19亿美元，印度尼西亚则长期是净资本流出国。中国作为引资大国，是否影响了周边国家吸引FDI的能力，从而形成了FDI的转移？这已引起普遍关注。例如，新加坡总理李显龙认为，东南亚最大的问题是与中国争夺外国直接投资。马来西亚前总理马哈蒂尔2002年5月在日本东京的国际会议上表示：“就吸引外国直接投资而言，中国已经是一个威胁。”泰国商业部部长阿塞·博地拉米则提出相应对策：“为了在吸收投资的竞争中战胜中国，

① 魏后凯，贺灿飞，王新. 中国外商投资区位决策与公共政策［M］. 北京：商务印务馆，2002.

必须建立东盟自由贸易区。”①

第二，FDI 在我国东、中、西部地区分布的极端不平衡是我国 FDI 区域分布的一个重要特点。由于东部较好的地理、经济环境以及改革开放以来政府给予的较多优惠政策，因而一直是 FDI 流入的主要地区。2001 年以来，东部地区实际利用外资占全国的比重相对稳定，维持在 86%左右；中部地区所占比重缓慢递增，从 2001 年的 8.54%上升到 2004 年的 11.02%，但 2005 年没有保持这种增长势头，下降到 8.00%；西部地区所占比重则呈递减趋势，从 2001 年的 5.40%下降到 2005 年的 3.22%，下降了 2.18 个百分点②。这一方面表明我国 FDI 流入的地区分布具有非常强的稳定性，另一方面也表明在 1997~2005 年我国鼓励 FDI 流入西部的政策并没有取得显著效果。

在第一个例子中，发生了 FDI 的区位转移③。正是这种转移，使得中国与东南亚国家在吸引 FDI 业绩方面发生了巨大的变化。由于 FDI 一直是驱动东南亚经济发展的一个重要因素，因此，正确评估中国对东南亚地区的直接投资转移效应的范围和影响具有重要意义。

在第二个例子中，尽管国家给予积极的政策支持，但是 FDI 却没有发生明显的转移，这涉及我国西部大开发战略的政策效果问题。以什么样的模式引导 FDI 更多地流向中西部地区，关系到促进我国各地区经济协调发展，逐步缩小地区差距的整体布局。

可见，无论是在国家层面，还是在地区层面，FDI 区位的动态变化都是一个值得关注的问题。

0.1.3 FDI 区位变动研究的不足

外商直接投资理论是在 20 世纪 60 年代以后发展起来的，半个世纪以来，经济学家从不同角度解释了跨国公司的对外直接投资，也提出了许多有关国际投资的理论。然而，大多数跨国公司理论基本上是静态的研究，很少涉及跨国公司对外投资区位的发展变动问题。

---

① 更多的此类评论，可以参见 Chantasasawat（2003），文中列举出了东南亚国家政界人士和分析家有关“中国吸引外资浪潮对东南亚的威胁”的评论。

② 商务部外资司. 中国外商投资报告（2006）［EB/OL］. 中国投资指南，http：//www.fdi.gov.cn.

③ 事实上主要表现为增量转移，即新增 FDI 更多地流向了中国，而减少了对其他地区的流入。本书第 4 章图 4-5 对此做了说明。

区位选择问题自产品生命周期理论以来一直受到跨国公司理论研究的重视。关于跨国公司区位选择的研究，尤其是实证研究，可谓是汗牛充栋。不可否认，这些理论研究不仅对中国吸引外资政策的制定和修改、完善有着非常重要的现实意义，而且对跨国公司对外直接投资的动因研究有着重要的启发意义。但是，值得注意的是，包括国际生产折衷理论在内，几乎所有的理论和实证研究都只是列举和分析了一些影响企业对外投资的区位选择的区位因子，而没有从区位选择和变动的角度对跨国公司对外投资的区位进行系统研究。

从本质上看，跨国经营是企业成长及企业生产经营地点的空间转移或延伸。因此，要深入探讨国际直接投资问题，必须从空间和区位问题着手。同时，与跨国公司有关的区位问题的研究，不应该仅仅停留在分析区位因素的层面上，而应该深入研究跨国公司 FDI 区位选择和转移的基本动力机制。

因此，我们有必要对 FDI 的目标区位的空间转移问题进行研究，以考察其动因和变动的模式，这正是本书的研究立意所在。

0.2 FDI 区位转移的概念界定

跨国公司对外直接投资的目标区位的空间转移，即是 FDI 区位转移。FDI 的区位转移是在区位（Location）选择基础上引申出来的一个概念，它可以视为区位的再选择（Relocation）。

图 0–2 对 FDI 的区位转移行为进行了描述，从中可以清楚地看出 FDI 区位选择与区位转移的区别。跨国公司最初选择目标区位 A 进行投资是区位选择行为，而从目标区位 A 转移到目标区位 B 则可以称为区位转移。事实上，将资本投向目标区位 B 而不是其他区位，这本身也是一个区位选择的过程，只是这次区位选择行为的起点具有特殊性——跨国公司不是把资本由母国投向国外，而是由一个原有的目标区位转移到了新的目标区位，由此便形成了 FDI 的区位转移。类似地，随着各个目标区位所具有的区位优势的相对变动，FDI 有可能再次由目标区位 B 转移到目标区位 C（图中虚线箭头部分）。

在这里，我们通常意义上的 FDI 区位选择只是一次目标区位的选择行为，而区位转移则是在现有区位基础上的二次选择行为，即区位的再选

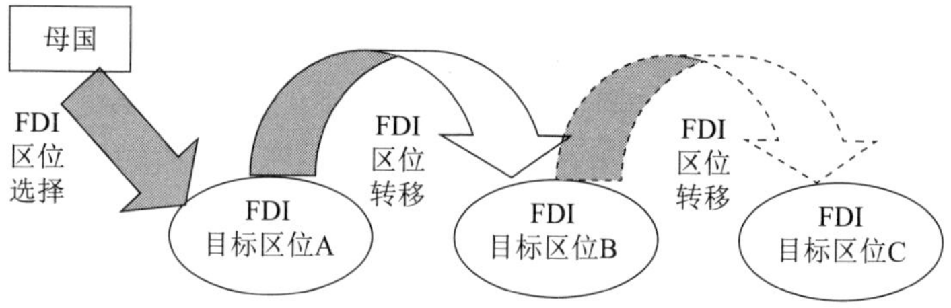

图 0-2　FDI 区位选择和区位转移

择、再定位，也可以说是跨国公司投资区位的变迁。区位的选择与区位的再选择这一系列的动态过程就构成了本书所要研究的对象：FDI 动态的区位选择或者称 FDI 的区位转移。

本书借鉴了一些空间经济学的概念和理论对 FDI 区位转移进行分析，这也有助于我们更好地理解 FDI 区位转移的概念界定。

首先，从企业迁移的角度来理解 FDI 区位转移。企业迁移包括两种主要形式：一是完全迁移，即企业把整个生产设施从一个地方搬迁到另一个地方；二是部分迁移，即企业将部分活动迁出，在新的地方建立新的分支机构。前者主要由中小型独厂企业采用，新机构的建立伴随着原有机构的关闭；后者主要为多厂企业（多为跨国大型企业）采用，是企业规模增长和空间扩张的结果，新建机构与原有机构同时存在。跨国公司海外子公司的迁移（FDI 区位转移）也是一种企业迁移的形式，只不过进行区位转移的主体不是一般的企业，而是跨国公司。跨国公司集团的企业在一个灵活的全球性生产网络中进行经营，可以方便地把企业转移到其他国家，因而它比没有海外投资的企业更倾向于区位转移。

其次，从空间经济学聚集与扩散的角度，则可以看出区位转移（再选择）与区位选择的不同之处。区位选择只需考虑目标区位的拉力因素，而区位转移着重考虑的是目标区位对现有区位的替代，不仅要研究来自现有区位的推力因素①，而且要研究来自目标区位的拉力因素。由推力（及阻力）和拉力因素共同作用形成的合力，将构成区位转移的动因。因此，区位转移是一个综合性的问题，要比区位选择问题更为复杂。

① 有时还有阻力因素，例如当进口自由化或区位优势变化时，跨国公司认为关闭某些子公司会更有效率，而东道国政府则希望它继续存在以维持就业。

0.3 本书的研究思路和主要内容

0.3.1 研究思路

从对 FDI 区位转移的概念界定中可以看出，区位转移可以视为一系列动态的区位选择过程。从理论上讲，在很大程度上区位选择的决定因素同时也是区位转移的决定因素。因此，首先对 FDI 的区位选择及其决定因素进行分析，就成为一个合乎逻辑的出发点。

除了产品生命周期理论之外，大多数 FDI 理论基本上是静态的研究，不涉及跨国公司的发展动态问题，因此，对区位因素的分析，也多是在 FDI 具有了区位结果的基础上进行的静态研究。然而，随着时间的推移和区位环境变量的变化，不同区位所具有的区位优势将会发生相对变化，从而促使跨国公司把投资转向更合适的目标区位。由此，在区位选择理论的基础上，区位因素的变动就有可能成为 FDI 区位变动的基本动因。

但是，区位因素的变动，并不能必然导致 FDI 的区位转移，它们之间还需要有一个传导机制，在此，本书从空间经济学中引入了聚集力和扩散力的概念。变动的区位因素将成为促使 FDI 进行转移的推力和拉力因素，从而导致 FDI 区位的转移；同时，本书还引入了企业迁移理论，用于分析 FDI 的区位转移过程。分析 FDI 在不同空间区位之间转移的变动过程，与推力和拉力因素相结合，从而构建了 FDI 区位转移的一般模式。

在一般模式的基础上，本书进一步将空间经济学的一些具体模型引入 FDI，并把这些模型称作 FDI 区位转移的具体模式，为以后章节的实证分析作了理论上的铺垫。

在随后的章节中，本书借助世界范围内 FDI 区位转移的具体案例，对一般模式进行了实证检验，并且考察了外商在华直接投资区位转移的具体模式：梯度转移模式和中心—外围扩散转移模式。

0.3.2 主要内容和结论

本书共分 6 章，各章的主要内容和结论如下：

第 1 章“FDI 区位的动态变化及研究现状”总结了国际直接投资区位的动态变化，通过对国内外学者有关 FDI 区位选择的研究文献的综述，指出了现有理论对区位转移问题研究的不足，从而引出了本书的研究方向。

第 2 章“FDI 区位选择的因素分析”是对 FDI 区位选择的决定因素的具体分析。本书首先阐述了影响跨国公司的区位因素以及跨国公司的区位选择模式，然后系统分析了古典区位理论、产品生命周期理论、国际生产折衷理论和边际产业理论中对区位优势和区位因素的研究。在此基础上，本书进一步从动态角度分析了产品生命周期理论、国际投资阶段理论、国家竞争优势理论和动态比较优势投资理论，阐释了 FDI 区位选择理论中区位因素的动态性。

第 3 章“FDI 区位转移的模式分析”借鉴了许多空间经济学的理论，力图从理论上考察 FDI 区位转移的变动模式。首先，引入空间经济学中聚集力和扩散力的概念，与 FDI 区位选择决定因素的变动相结合，得出了引起 FDI 区位转移的推力和拉力因素。其次，引入企业迁移理论，用于对 FDI 区位转移过程的分析。分析 FDI 在不同空间区位之间转移的变动过程，与推力和拉力因素相结合，从而构建了 FDI 区位转移的一般模式。在一般模式的基础上，本章进一步引入了空间经济学的一些原理（包括增长极理论、中心—外围模型理论、梯度转移理论和产业聚集力理论），将其作为 FDI 区位转移的具体模式，为以后章节的实证分析作了理论铺垫。

第 4 章“FDI 区位转移的实证经验”是对世界范围内 FDI 区位转移的经验分析，通过具体案例检验了 FDI 区位转移一般模式的适用性。首先，借助企业迁移与盈利空间界限理论，通过国外案例检验了两种影响 FDI 区位转移的因素：要素成本和公共补贴；其次，从国际产业转移的角度分析了 FDI 的区位转移，以日本和美国对中国及东亚其他国家和地区（包括东盟和“亚洲四小龙”）的投资变化为例，考察了中国在吸收日本和美国 FDI 过程中对东亚其他国家和地区的影响，从而阐释了区位优势相似的东道国之间的投资转移。本章得出的结论也可以为第 5 章对中国的分析提供有益的借鉴。

第 5 章“FDI 在中国的区位选择因素和区位转移模式”实证分析了外商对华直接投资的区位问题。首先，通过对 FDI 在中国渐进式扩张过程的概述，分析了外商直接投资对我国区位选择要素的动态性要求；其次，通过分析外商对华直接投资区域分布的变化，指出了我国外商投资转移呈现出“北上、西进”的梯度转移趋势，进而分析了外商直接投资“北上”的主要因素和外商投资向中西部地区转移中存在的问题并提出政策建议；再次，通过对 FDI 地理集中指数的测算，得出 FDI 在我国中心—外围扩散转移的表现，进而分析了外资企业向东部省份的落后地区及中西部地区进行投资转移的考虑因素并提出政策建议；最后，建议把梯度转移与中心—外围扩散转移相结合，采取有效政策促进 FDI 在国内合理、有序地转移，从而促进我国区域经济的协调发展。

第 6 章“结论及进一步的研究”，总结了主要结论，并指出了研究中存在的不足之处和进一步研究的方向。

本书的框架结构如图 0-3 所示。

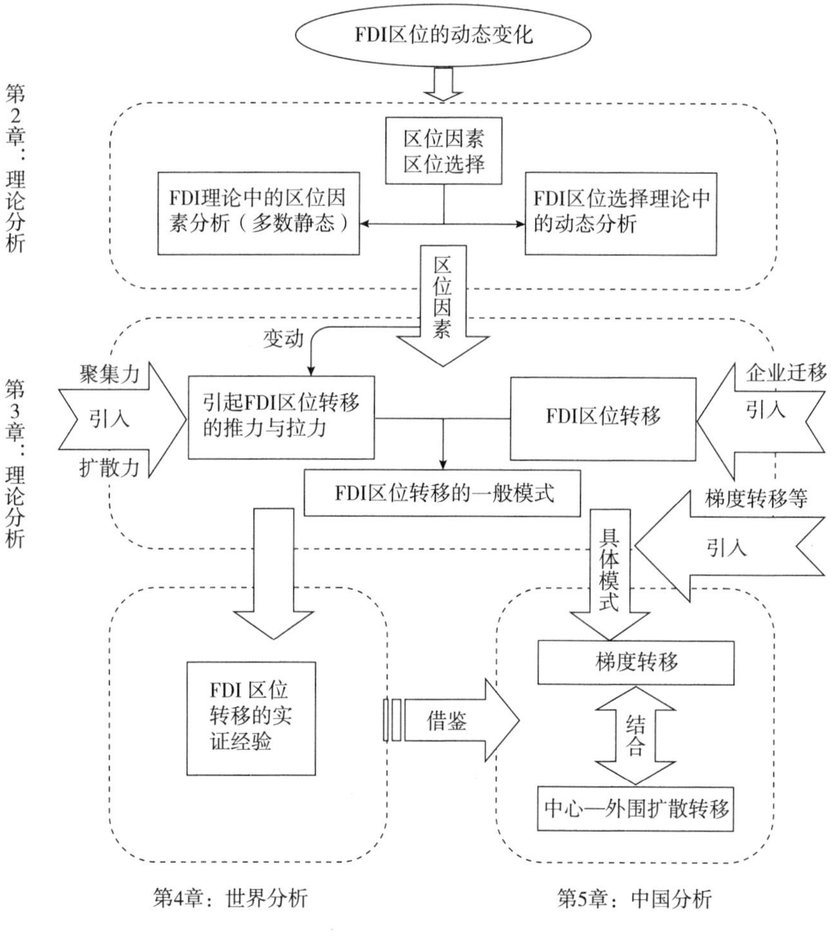

图 0-3 本书的框架结构

0.3.3 创新与不足

本书的创新点主要有以下三个方面：

首先，对 FDI 的区位选择与区位转移（区位再选择）的联系和区别进行了分析，将跨国公司对外直接投资的区位转移视为动态的区位选择过程，从而在 FDI 区位选择理论的基础上，对区位转移的动态性因素进行了分析。

其次，借鉴空间经济学的相关原理（聚集力和扩散力），分析了引起 FDI 区位转移的推力和拉力因素，并把企业迁移用于分析外商投资企业的区位变迁，构建了包含区位转移的影响因素和转移过程的 FDI 区位转移一般模式。

最后，将中心—外围模式的概念用于外商对华直接投资区位转移的实践问题，分析了这一不同于梯度转移模式的投资转移趋势，并且建议将梯度转移战略和点轴开发战略结合起来，为指导我国外资向中西部地区扩散提供了一个新的思路。

本书的不足之处在于：在理论分析的过程中借鉴了较多空间经济学的相关内容，存在着理解偏差的风险，对 FDI 区位转移一般模式的构建尚待进一步完善；由于数据的可获得性问题，有关投资区位转移的数据不易甄别和区分，因此，在实证分析中主要采用了案例研究和描述分析的方法，而没有使用具体数据进行定量分析；由于研究的角度，主要对 FDI 进行整体的区位转移动态分析，没有考察不同行业或职能部门的区位转移现象，这些方面所具有的一些特性和具体因素可能有所遗漏。

上述问题和不足，有些源自作者有限的研究能力，有些则受客观条件的约束，诚然，这些问题和不足也是进一步研究的努力方向。

第❶章 FDI区位的动态变化及研究现状

1.1 FDI区位的动态变化

国际直接投资活动大约起始于19世纪70年代，当时以英国为代表的主要西方国家在工业化过程中为了获取原材料和开辟国际市场，开始到国外投资设厂，拉开了国际投资的序幕。一个多世纪以来，国际直接投资发展十分迅速，其投资区位的结构特征也发生了深刻变化。

1.1.1 FDI区位动态变化的四个阶段

从投资规模和投资区位结构特征来看，可以把国际直接投资区位的动态变化分为四个阶段：1914年以前，两次世界大战期间（1914~1945年）、第二次世界大战后到20世纪80年代末（1946~1989年）、20世纪90年代至今。

1.1.1.1 1914年以前的国际投资格局

1914年以前国际投资的主要形式是间接投资，基本用于开发性融资，投资于政府债券、私人公司证券以及公共工程；直接投资只占投资总额的10%左右，但进行跨国生产的企业已经开始出现。一些英国公司在欧洲大陆和美国建立了企业，开发矿山或修筑铁路，成为事实上世界最早的跨国公司。

当时国际投资的基本格局表现为：英国、法国、德国、荷兰、美国等是对外投资的主要国家，其中英国长期占据统治地位。据统计，1850年英国的对外直接投资总额即已超过2亿英镑①。英国的FDI在区域选择时偏

① 申义怀. 西欧对外直接投资［M］. 北京：时事出版社，1994.

向北美、拉美以及澳大利亚等英属殖民地（见表 1-1）。

表 1-1　1913 年英国对外投资的地区结构

投资地区	占对外投资总额的比重（%）
英联邦殖民地	47.0
南美	20.1
美国	20.0
欧洲	5.8
其他地区	6.8

资料来源：阿特金．英国海外投资：1918~1937［M］．纽约：阿尔温出版公司，1977.

法国是另一个对外直接投资大国。1880~1914 年，法国累计对外投资约 90 亿美元，其中大部分是中长期贷款，只有不超过 15 亿美元的资本用于对外直接投资，投资区域主要为沙俄及非洲法属殖民地。德国的对外直接投资额从 1883 年的 50 亿马克剧增到 1913 年的 240 亿马克，在区域选择方面主要集中在东欧及巴尔干半岛。

美国作为后起的资本主义国家，在这一阶段对外投资也迅速增长。据有关数据统计①，1897 年，美国对外直接投资总额累计 6 亿美元，1908 年增至 16 亿美元，截至 1914 年，美国对外直接投资总额累计达 26.32 亿美元。在区域选择上，美国的对外投资主要集中在拉美、北美与欧洲，分别占 48.7%、23.5%和 21.8%，对亚洲、非洲和大洋洲的投资只占 6%。

1.1.1.2　两次世界大战期间（1914~1945 年）的国际投资格局

在这段时期，由于世界大战和世界性经济危机的影响，国际投资规模在波动中增长缓慢，但 FDI 所占比重有所增长，由 1914 年的 10%上升到 1945 年的 39%②。

对外直接投资主体的地位也发生了变化：美国的对外直接投资发展迅速，投资规模增大，投资地区迅速增加；英国的投资规模和投资地区则有所缩减。原来一直由欧洲垄断的中美洲、南美洲、加拿大等市场甚至包括苏伊士运河以东地区，在战争期间都有美国公司进入。1922 年，

① 美国历史统计［M］．纽约：纽约出版社，1976；张健．外商直接投资区域选择［M］．北京：经济科学出版社，2006.

② 张纪康．国际直接投资［M］．太原：山西经济出版社，1998.

美国对加拿大的直接投资超过了英国，美国对拉丁美洲的直接投资在这一时期也接近英国。随着德国的战败，美国跨国公司开始进入德国，当时德国的汽车、石油、有色金属等部门都不同程度地被美国的跨国公司控制。

在区域选择方面，主要资本输出国的首选区位仍然是殖民地、半殖民地和经济落后的国家和地区，以及与本国地理位置接近、语言文化相似的地区。以美国为例，1940 年美国对外投资的地区分布按投资规模由大及小的次序分别为拉丁美洲、加拿大、欧洲以及远离美国的亚洲、非洲和大洋洲（见表 1-2）。

表 1-2　1940 年美国对外直接投资的地区和行业分布

单位：亿美元

行业	总计	拉丁美洲	加拿大	欧洲	亚洲、非洲和大洋洲
总额	70. 00	27. 17	21. 03	14. 20	7. 06
制造业	19. 26	2. 10	9. 44	6. 39	1. 33
石油业	12. 78	5. 72	1. 20	3. 06	2. 80
采矿业	7. 82	5. 12	0. 87	0. 53	0. 30
农业	4. 32	3. 59	0. 10	—	0. 63
贸易	5. 23	0. 82	1. 12	2. 45	0. 84
公共工程	15. 14	9. 62	4. 07	0. 74	0. 71
其他	5. 48	0. 74	3. 23	1. 04	0. 46

资料来源：陈继勇. 美国对外直接投资研究［M］. 武汉：武汉大学出版社，1993.

从行业分布来看，制造业在对外直接投资中的比重开始增加。1914 年，美国在国外的投资中矿业居首位，制造业直接投资金额为 4. 78 亿美元，只相当于第一产业对外直接投资的 1/3，占对外投资总额的 18%；1940 年，美国在海外制造业中的直接投资已达到 19. 26 亿美元，居各行业首位（见表 1-2）。

1. 1. 1. 3　第二次世界大战后到 20 世纪 80 年代末（1946~1989 年）国际直接投资的大发展

第二次世界大战后到 20 世纪 80 年代末是国际投资环境大变化的时期，

也是国际直接投资大发展的时期。新技术革命的发展、殖民体系的瓦解、冷战格局的形成，使这一时期国际直接投资的发展形成了新的特征。

（1）国际投资环境的变化。两次世界大战和战后全球政治经济安排彻底改变了国际投资环境，使国际直接投资呈现出崭新的态势。这一阶段国际投资环境的基本特征如下：

第一，以电子计算机、宇航、高分子合成为标志的第三次科技革命极大地促进了世界生产力的高速增长，带动了国际投资的蓬勃发展；同时，发达国家开始进行产业结构调整，将一些劳动密集型产业向发展中国家转移，改变了战前发达国家对发展中国家垂直投资的内容。

第二，跨国公司的兴起和发展使企业生产过程国际化，改变了战后国际直接投资的地域结构。战前，国际投资主要是发达国家对发展中国家的采掘业和种植园业的垂直型投资；战后，国际投资主要是发达国家之间以水平型投资为主的相互投资。战前，国际投资主要是国与国之间通过市场自发力量的调节来实现；战后，国际投资则主要是由跨国公司进行内部分工和协调来进行。

第三，殖民体系的瓦解从根本上改变了原有国际分工体系的殖民性质。第二次世界大战以后，帝国主义的殖民体系瓦解，民族国家纷纷取得政治上的独立，从根本上改变了原有国际分工体系的殖民性质。20 世纪五六十年代民族主义国家独立后采取了相对封闭的政策，对外资进行有选择的限制和国有化，在一定程度上改变了发达国家对发展中国家的投资策略。

第四，雅尔塔体系构建了战后国际政治与安全的基本格局。雅尔塔体系使两次世界大战的策源地和国际关系中最敏感的地区——欧洲获得了相对稳定，这为战后国际投资的大发展提供了现实基础。但是，美苏两国之间存在的两种意识形态、两种社会制度的根本对立，使得雅尔塔体系迅速演变为美苏两国在世界范围内争夺世界霸权的两极冷战格局。因此，战后初期，美国为了加强对西欧的控制，遏制苏联、中国的发展，便以国家资本输出的形式对西欧、日本及其他东南亚国家进行援助，这就是著名的“马歇尔计划”“第四点计划”以及“共同安全法”①。在美国的支持下，西欧国家和日本的经济恢复较快，为美国对西欧和日本的资本输出铺平了道路。

第五，国际贸易政策经历了一个从自由贸易主义向新保护主义过渡的过程，其间的分水岭是 20 世纪 70 年代中期的世界经济危机。各主要西方

① 宋则行. 世界经济史（下卷）[M]. 北京：经济科学出版社，1998.

国家为了加快经济的恢复和发展，在美国的倡导和推动下，于 1947 年签署了《关税及贸易总协定》，从 20 世纪 50 年代到 70 年代中期，极大地提高了贸易发展的自由化程度，推动了世界贸易的发展。但是，战后掀起的贸易自由化浪潮并不代表一个新自由贸易时代的到来。从 70 年代中期到 80 年代末，世界贸易中又掀起了一股新贸易保护主义浪潮。根据《关税及贸易总协定》的统计，乌拉圭回合前各种非关税壁垒已增加到 3000 多种。美国是这次贸易保护主义浪潮的发起者。为了绕过美国设置的各种非关税壁垒，西欧国家和日本纷纷以直接投资的方式进入美国市场。因此，贸易保护主义扭曲性地刺激了国际直接投资的发展，改变了国际直接投资的地域格局，使美国、日本、西欧在国际投资中所处的地位发生了变化。

（2）国际直接投资的区位结构变化。由于上述国际环境深刻变化的影响，国际直接投资的地域结构也呈现出许多新特征，并具有明显的阶段性。概括地说，战后初期至 50 年代末，国际资本流动首先是从美国以国家资本的形式大规模地向西欧和日本进行资本渗透开始的，美国在世界资本输出中居垄断地位。60 年代初至 70 年代中期，国际资本的地区流向开始由原来的以发展中国家为主转向发达国家；西欧和日本经济复苏并开始大规模地对美国进行投资；对外投资的部门结构由第一产业转向制造业；国际资本输出形式也由原来的各国单独进行发展为多国联合对外投资。70 年代中期以后，发达国家对外投资的不平衡性进一步加剧，突出地表现为美国在世界资本输出中的地位持续下降，日本和西欧在世界资本输出中所占比重迅速上升，美国成为世界上最大的债务国，日本则成为最大的债权国；与此同时，发达国家争夺国际投资的战场也发生了重大转移，1984 年美国已成为吸纳国际直接投资最多的国家；对外投资的产业结构进一步从附加值低的第一产业向附加值高的第二、第三产业转移。

从地区结构来看，对外直接投资的区位选择日益向发达国家和新兴工业化国家转移。第二次世界大战以后，西欧经济的复苏、50 年代欧共体的成立及其内外有别的贸易政策以及 60 年代美国“奖出限入”的贸易投资政策，刺激了国际直接投资的发展。新兴产业的兴起促进了发达国家产业升级并对外进行产业转移，国际生产分工也由原来的垂直型分工逐渐变为水平型分工，从而经济发展水平接近的国家或地区成为投资者的首选区位。此外，60 年代许多发展中国家实行限制外资和国有化政策，迫使大部分国际资本转移到相对安全的发达国家。因此，从 20 世纪 50 年代起，国际直接投资的重点逐渐转向发达国家（见图 1-1）。

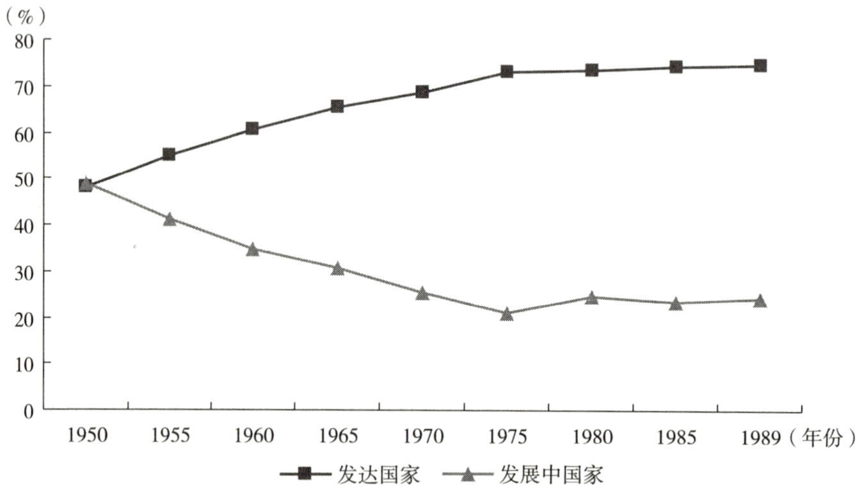

图 1-1　战后美国对外直接投资的地区分布

资料来源：陈继勇. 美国对外直接投资 [M]. 武汉：武汉大学出版社，1993.

1980~1990 年，各发达国家的对外直接投资额与吸收其他发达国家直接投资额占其国民生产总值的比重之差普遍小于 1%。从 1983 年世界经济衰退到 80 年代中后期开始好转，这一时期全球国际直接投资额每年平均增长 29%，而同期流向发达国家的国际直接投资则年均增长 46%，1990 年有 92%的国际直接投资流向发达国家，其中，美国吸收的外商直接投资增长最为迅速。1980~1986 年外国对美国直接投资的年均增长率为 21.3%，而同期美国对外直接投资的年均增长率只有 4.7%。1984 年外国在美国的直接投资额达 1596 亿美元，美国已成为吸收国际直接投资最多的国家。发达国家对发展中国家和地区的投资，日益集中在经济发展较快、市场容量较大的新兴工业国家和地区，如巴西、墨西哥以及东南亚一些国家和地区，它们占发达国家对发展中国家和地区投资总额的 90%以上。

1.1.1.4　20 世纪 90 年代至今国际直接投资的新格局

(1) 国际投资环境的新变化。

20 世纪 80 年代末 90 年代初，国际政治环境发生了根本性的变化，其最显著的标志是东欧剧变、苏联解体和冷战格局的结束，新的国际政治格局逐步形成。在世界经济运动规律和国际政治格局的影响下，20 世纪 90 年代以来国际经济环境同样发生了深刻的变化，具体表现为：

第一，世界经济一体化发展迅猛。经济一体化最根本的意义可以表述为“再生产过程各阶段上国际经济障碍的消除”。经济一体化是一个过程，它具体表现为贸易自由化、金融国际化和生产一体化三种形式。贸易从产品交换阶段体现国际经济联系，金融从生产要素配置阶段体现国际经济联系，而对外直接投资则从生产阶段体现国际经济联系。三者构成了整个生产过程，体现了世界经济一体化在现阶段发展的全面性。

第二，区域经济集团化是当今世界经济发展的重要特点。区域经济集团正以各自的方式对世界经济的发展产生着影响，地区性的跨国分工和商品贸易就是具体表现。目前，区域集团化的发展正呈现出开放性、交叉性、扩展性和全方位性的特点，并促进全球经济一体化的发展。

第三，政府实行相对宽松的投融资政策。20 世纪 90 年代以来，国际投资自由化取得了很大的进展。据统计，1992~2005 年颁布的 2267 项国家规制变动中，有 2078 项是朝着自由化方向发展的，或带有促进外资流入的性质，只有 189 项带有限制外资流入的性质①。

（2）国际直接投资的区位结构变化。

从总体上看，20 世纪 90 年代以来，全球对外直接投资仍以发达国家间的相互投资为主，发达国家作为主要受资国和主要投资国的基本格局并没有改变（见表 1-3），但投资流向有所变化。

表 1-3　2005 年全球 10 个最大 FDI 受资国/地区与 10 个最大对外投资国/地区

单位：亿美元

最大受资国/地区	引资额	最大对外投资国/地区	投资额
英国	1645	荷兰	1195
美国	994	法国	1157
中国	724	英国	1011
法国	636	日本	458
荷兰	436	德国	456
中国香港	359	瑞士	429
加拿大	338	意大利	397
德国	327	西班牙	388

① UNCTAD. World Investment Report 2006. New York and Geneva: United Nations, 2006.

续表

最大受资国/地区	引资额	最大对外投资国/地区	投资额
比利时	237	加拿大	341
西班牙	230	中国香港	326

资料来源：UNCTAD. World Investment Report 2006. New York and Geneva：United Nations，2006.

20 世纪 90 年代中期以前，发达国家吸收的外国直接投资在全球 FDI 总量中的比重呈下降趋势，由 1990 年的 83.0%下降到 1994 年的 57.1%。此后，发达国家在直接投资流入中所占的比重开始上升，但波动性很大。1999 年发达国家吸收外资占全球总量的比重由 1994 年的 57.1%反弹到 73.6%，2000 年猛增至 80.4%；然而，近几年这一比重又持续呈下降趋势，2001 年降至 72.0%，2002 年降至 71.4%，2003 年降至 64.3%，2004 年降至 55.7%，2005 年则小幅回升到了 59.2%。

发展中国家虽然不及发达国家流入的外资总量多，但也是一个重要的目标区位。发展中国家外资流入量占全球总量的比重变化与发达国家正好相反，20 世纪 90 年代中期以前一直呈上升趋势，由 1990 年的 16.5%上升至 1995 年的 42.4%；1995 年以后发展中国家在直接投资流入中所占比重开始下降。特别是东南亚金融危机之后，原本吸引外资较多的新兴工业化国家的投资徘徊不前，国际投资又重新转向发达国家，发展中国家再次被“边缘化”，比重由 1996 年的 38.0%一直降至 2000 年的 18.9%；最近几年则呈上升趋势，2001 年为 26.6%，到 2004 年为 38.7%，2005 年则又有小幅下降，为 36.5%（见表 1-4）。另外，图 1-2 以折线图的形式直观地表现了双方比重的变化。

表 1-4　20 世纪 90 年代以来发达国家和发展中国家吸收 FDI 的流量变化

单位：亿美元

年份	全球 FDI 总量	发达国家		发展中国家		中东欧国家 FDI 总量
		FDI 总量	所占比重（%）	FDI 总量	所占比重（%）	
1990	2060	1710	83.0	340	16.5	10
1991	1600	1150	71.9	430	26.9	30
1992	1750	1180	67.4	520	29.7	50
1993	2200	1380	62.7	760	34.6	70

续表

年份	全球 FDI 总量	发达国家		发展中国家		中东欧国家 FDI 总量
		FDI 总量	所占比重（%）	FDI 总量	所占比重（%）	
1994	2470	1410	57. 1	1000	40. 5	60
1995	3300	2080	63. 0	1070	42. 4	150
1996	3630	2120	58. 4	1380	38. 0	130
1997	4680	2760	59. 0	1720	36. 8	190
1998	6600	4680	71. 0	1730	26. 2	200
1999	8270	6090	73. 6	1980	24. 0	200
2000	14096	11337	80. 4	2668	18. 9	91
2001	8322	5993	72. 0	2214	26. 6	115
2002	6177	4412	71. 4	1636	26. 5	129
2003	5579	3585	64. 3	1751	31. 4	242
2004	7108	3961	55. 7	2750	38. 7	396
2005	9163	5423	59. 2	3343	36. 5	397

资料来源：UNCTAD，FDI/TNC 数据库。

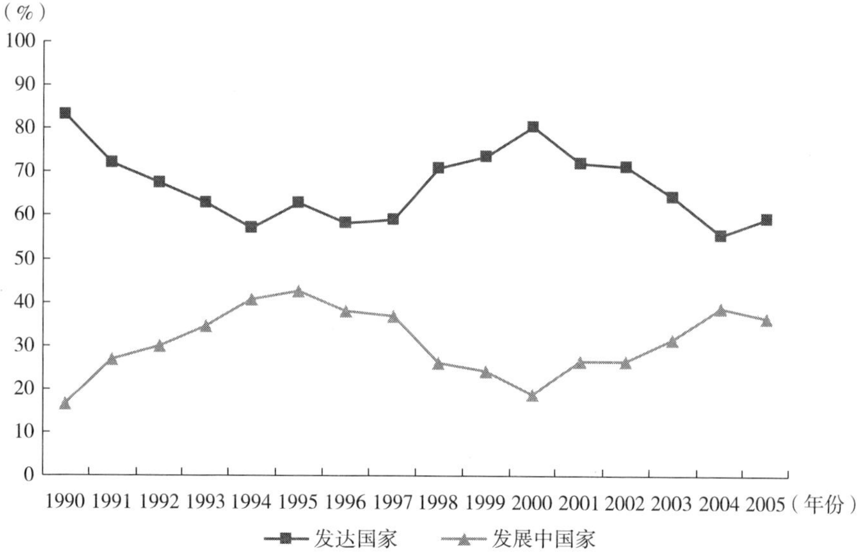

图 1-2 20 世纪 90 年代以来发达国家和发展中国家吸收 FDI 的流量变化

此外，90 年代以来发达国家之间的相互投资及发达国家对发展中国家的直接投资普遍存在明显的“区域偏好”。随着北美自由贸易区的形成，美国和加拿大的对外直接投资明显转向了北美自由贸易区内部各成员国。欧洲则大幅增加了对拉美的投资，1998 年在拉美的投资首次超过了美国，1999 年拉美和加勒比海地区的 FDI 流入量达 1900 亿美元，流入巴西、阿根廷、智利和玻利维亚的 FDI 均创造了历史最高纪录。日本则将资金从欧美转向东亚和东南亚地区，如 1996 年对亚洲的直接投资总额为 97. 49 亿美元，对欧洲的直接投资总额为 29. 16 亿美元，2005 年对亚洲的直接投资总额为 161. 88 亿美元，对欧洲的直接投资总额则为 82. 30 亿美元①，日本对亚洲的直接投资大大超过了同期对欧洲的直接投资。

2005 年发达国家的 FDI 流入量达到 5423 亿美元，比 2004 年增长 37%，而发展中国家的流入量则达到有史以来最高水平——3343 亿美元。按百分比计算，发达国家的份额有所增长，达到全球 FDI 流量的 59. 2%；发展中国家的份额为 36. 5%；中东欧国家的份额约为 4%。英国的外国直接投资流入量猛增 1080 亿美元，达到了 1650 亿美元，是 2005 年的最大接受国。美国的外国直接投资流入量尽管有所下降，但仍是第二大接受国。在发展中国家和地区中，与前些年相比，FDI 流入量最大的接受国名单保持稳定，中国和中国香港居于首位，其次是新加坡、墨西哥和巴西。从区域来看，欧盟 25 个成员国是最受欢迎的投资对象，流入量达 4220 亿美元，约占全球总量的一半。南亚、东亚和东南亚的流入量为 1650 亿美元，占总量的 1/5，其中东亚分区域占区域份额的 3/4，北美次之，达 1330 亿美元，再次是南美和中美洲，达 650 亿美元。西亚出现了最高的外国直接投资流入增长率，达 85%，流入量为 340 亿美元。非洲的流入量为 310 亿美元，是该区域有史以来最高的流入量②。

1.1.2 FDI 区位结构特征的演变

从 19 世纪 70 年代至今，国际直接投资在不同的历史时期出现了不同的区位结构特征（见表 1-5）。

---

① 1996 年和 2005 年日本对欧洲的直接投资总额包括对西欧（分别为 28. 19 亿美元和 75. 09 亿美元）和中东欧（分别为 0. 97 亿美元和 7. 21 亿美元）的投资。资料来自 JETRO（2006）。

② UNCTAD. World Investment Report 2006. New York and Geneva: United Nations, 2006.

表 1-5　FDI 区位结构特征的演变

时间	FDI 区位结构特征
1913 年以前	英、法、德等发达资本主义国家对殖民地初级产业和对欧洲大陆其他国家的铁路等基础设施的投资
1914~1945 年	美国制造业对发达国家的投资增加；英国对其殖民地的投资发展缓慢；法、德对外直接投资停滞；私人卡特尔分割世界原料产地并垄断原料价格
1946~1975 年	国际投资政治化（马歇尔计划、第四点计划、共同安全法），对外投资由发展中国家转向发达国家，由第一产业逐步转向制造业；美国、西欧之间相互投资发展迅速
1976~1989 年	以西欧、日本、美国为顶点的三极国际投资格局已经形成；发达国家制造业之间的相互投资占优势；新兴工业化国家引资规模增加；跨国并购发展迅速
1990 年至今	拉美、东亚发展中国家和地区引资规模扩大；发达国家第三产业之间的相互投资发展迅速；西欧、北美、澳大利亚之间的跨国并购成为对外直接投资的主导方式；跨国联盟等新投资方式发展迅猛，全球布点成为跨国公司新的特征

第二次世界大战以前，影响跨国投资的重要因素是东道国的文化背景和政治环境、东道国和投资国之间的贸易联系和空间距离，国际直接投资表现为少数发达资本主义国家对其殖民地、领地和邻近国家以获取原材料为目的的垂直一体化投资。第二次世界大战后，特别是 20 世纪 70 年代中期以来，受第三次技术革命的影响，现代产业的技术密集度、资本密集度大大提高，生产、销售和研究开发活动的国际性增强，加之信息技术的应用赋予了传统时空概念新的含义。因此，以水平分工为形式的发达国家之间相互交叉对流投资成为当今国际直接投资结构的重要表现形式。

1.2　FDI 区位问题研究综述

国际直接投资理论是从 20 世纪 60 年代以后发展起来的，经过 40 多年的发展，已经取得了很大的进展，但主要是侧重某个角度的研究，还没有形成一个一般分析框架。正是由于缺少一般分析框架，目前的研究结论非常丰富，从贸易、投资、产品生命周期、内部化、区位等方面分析 FDI 的形成和分布，提出了相应的理论。邓宁则在总结前人研究成果的基础上，提出了多角度综合性的国际生产折衷理论。

1.2.1 FDI 理论的发展概况

对跨国公司对外直接投资的动机和原因的研究大致分为两个方面：早期的研究主要集中在跨国公司为什么对外进行投资；后期的研究则从东道国的区位优势角度，分析跨国公司为什么选择这一国家或地区而不是其他的国家和地区进行投资。

1960 年，美国学者海默（Hymer）提出了垄断优势理论，认为对外直接投资是市场不完全的产物，母国企业具有的比东道国同类企业有利的垄断优势，是企业进行对外直接投资的动因。之后，金德尔伯格（Kindleberger）、约翰逊（Johnson）、凯夫（Caves）等对垄断优势理论作了重要的补充。

此后，弗农（1966）提出产品生命周期理论，认为生产地点取决于产品生命周期的不同阶段，较好地解释了当时美国制造业的对外直接投资现象。

1976 年，巴克利和卡森（Buckley 和 Casson）从科斯的交易成本理论得到启发，提出了内部化理论，认为企业为了克服专利、专有技术、商标等中间产品的外部市场的交易障碍，需要将生产建立在企业内部，这样就形成了跨国公司。1981 年，鲁格曼（Rugman）对内部化理论做了进一步发展。

1975 年，邓宁（Dunning）提出了国际生产折衷理论，该理论的核心是“OIL 模式”，即所有权优势、内部化优势、区位优势决定了跨国公司的行为和 FDI 目标区位。这三种优势拥有情况的不同决定了企业进入国际市场的不同方式，是出口、许可贸易还是对外直接投资。只有当企业同时具有三种优势时，才会对外进行直接投资。这一理论是至今最有影响的跨国公司理论。

鉴于已有的跨国公司理论难以解释日本对外直接投资现象的问题，小岛清（1978）认为对外直接投资应该从本国（投资国）已经处于或即将陷于比较劣势的产业（可称为边际产业）依次进行，同时指出日本式 FDI 是顺贸易导向型 FDI，美国式 FDI 是反贸易导向型 FDI。

20 世纪 80 年代以前较有影响的国际直接投资理论还有阿利伯（1970）的资本化率理论（又称为货币差异理论），他指出，企业进行 FDI 的动因在于不同国家的资本化率存在差异，并着重分析了货币等宏观经济变量对跨国公司直接投资的影响。此外，还有尼克博克（1973）的防御性对外直接投资理论、赫尔施（1976）的国际生产决策模型以及邓宁基于其国际生产折衷理论而提出的国际直接投资的宏观理论——投资阶段理论等。

20 世纪 80 年代以后，又新出现了一些较有影响的研究，如迈克尔·波特（Porter）以其 1990 年提出的竞争优势理论和竞争优势菱形图（又称为“钻石模型”）为基本思想，认为国内企业间激烈的竞争是企业能在跨国经营中成功的重要因素。80 年代后期到 90 年代早期，投资诱发要素组合理论问世。该理论认为，任何类型的对外直接投资，都是由直接投资诱发要素（如劳动力、资本、资源、技术、管理及信息知识等）和间接投资诱发要素（如母国鼓励性投资政策和法规、东道国稳定的政局、健全的涉外法规、全球经济一体化的趋势、金融市场利率的波动等）共同作用产生的。此外，20 世纪 80 年代以来跨国公司理论研究的突出特点还表现为重视对跨国公司战略的研究，尤其是对跨国公司战略联盟问题的研究。

从总体上看，20 世纪 60 年代至今，关于国际直接投资的主流理论研究，大体是沿着四条路线进行的：第一条是以产业组织理论为基础，以不完全竞争为研究路线，属于这条路线的有垄断优势理论、寡占反应理论等；第二条是以国际贸易理论为基础，以完全竞争为条件的研究路线，属于这条研究路线的有产品生命周期理论、比较优势理论等；第三条是内部化理论研究方向，以内部化理论为代表；第四条是综合理论，以国际生产折衷理论为代表。可以包含在这些研究路径中的理论占已有跨国公司理论的绝大部分。

有关东道国投资优势的研究主要集中在区位优势理论研究上，国际上有关这方面的研究已有不少成果。这些研究多集中于传统的比较优势因素方面，如市场容量、劳动力成本、交通和通信成本、相对技术水平等对 FDI 的影响（弗农，1966）。邓宁在国际生产折衷理论中，认为区位优势理论从投资东道国的角度说明了东道国在吸引 FDI 方面所具有的优势。小岛清（1978）根据 FDI 的动机，把 FDI 分为自然资源寻求型、市场寻求型和生产要素寻求型。东道国在自然资源、市场、生产要素方面的优势决定了跨国公司的区位选择和投资类型。

1.2.2　FDI 区位问题的研究综述

从海默的创始性理论到邓宁较为完善的“OIL”理论，学者们为发展和完善 FDI 理论做出了巨大的贡献，为理解各种直接投资行为奠定了理论基础，也为研究国际直接投资的区位决定因素奠定了基础。

东道国对 FDI 的吸引力是由其所拥有的区位优势决定的。由于资源禀赋在国家间的不均衡分布和各国社会、经济因素及政府政策的差异，东道国对 FDI 的吸引程度也不同。实证分析经常关注的东道国区位变量有：

（1）相对工资成本。这是研究 FDI 决定因素最常引用的区位变量。有关发展中国家工资成本对 FDI 的吸引力方面的统计分析结论是相互矛盾的。阿戈顿（1978）对美国公司在非洲国家的投资分析发现这一指标并不显著，而施奈德和弗雷（1985）对 54 个发展中国家分析的结果是这一指标明显影响 FDI 地理分布。矛盾或许出自两个方面：一是这一指标与其他变量相比的重要性，如在非洲政治稳定性是远远超过其他变量的解释变量；二是相对劳动成本（单位产出）更有价值，较高的劳动力成本也许反映了较高的劳动力素质和效率，因此这一指标难以形成统一的结论。

（2）贸易壁垒。市场寻求型 FDI 与东道国有效保护水平成正比的命题，并不能通过计量研究的检验，库玛（1990）和阿戈顿（1978）得到的结论是有效保护在印度和非洲并不构成显著决定因素，而对效率寻求型 FDI 和部分资源寻求型 FDI 来说这一指标具有负面影响。

（3）市场规模。东道国市场和邻近市场的规模和特征是对市场寻求型 FDI 的地理分布最有影响的区位变量之一。一般用 GNP 或 GDP 作为衡量市场规模的指标，一些研究表明与 FDI 流量显著正相关。但斯韦登伯格（1979）发现 GNP 与 FDI 流入量负相关并且有时甚至是显著的，这也许是由于方程中相对工资比率与这一变量的多重共线性造成的。经过对发展中国家 FDI 地理分布图式的分析，鲁特和阿曼德（1979）得到的结论是，GDP 增长率与 GDP 的比值是一个更加显著的决定因素。这也许反映了许多发展中国家的现有水平吸引力很小。阿戈顿（1978）所得结论与此相反，GDP 是一个显著变量，而 GDP 增长率是一个非显著变量。

（4）财政激励。为了提高技术水平和加速经济增长，大多数发展中国家一般都对 FDI 推出财政激励。这一举措与 FDI 具有双重关系，负相关解释的是政府财政激励，表明东道国对自身区位变量持有悲观的看法，因此积极提供高激励措施，而跨国公司则更重视其他区位变量。对这一变量的影响还没有明确的结论，但研究表明这些政策的作用是有限的（IMF，1985）。

（5）其他区位变量。跨国公司运输成本与 FDI 分布负相关。阿戈顿（1978）发现当地政府发展计划的存在与 FDI 显著正相关，鲁特和阿曼德（1978，1979）确定运输和通信基础设施的质量与发展中国家制造业 FDI 显著正相关；施奈德和弗雷（1985）发现外汇收支赤字和东道国通货膨胀率与 FDI 显著负相关；库玛（1991）提出严格的环境标准和控制污染法规会阻碍 FDI。当地供应能力、贸易壁垒取消、政府宏观政策效率及组织战略，对吸引效率寻求型和战略资产寻求型 FDI 更加重要。政府 FDI 政策开放度与 FDI 流入量显著正相关。此外，政治稳定性也是必要条件之一。

FDI 区位因素分析的研究方法大致可以划分为两大类：问卷调查分析和区位模型分析。采用问卷调查的方法也是现代投资区位理论研究中最常用的研究方法之一（魏后凯等，2001）。区位模型分析一般运用各种数学模型，如多元线性和非线性回归模型、数量回归模型和“逻辑”选择模型等。利普西（2000）对发达国家的外资流向与产业结构做了研究，分析具体产业对外资的吸引力。孙俊（2002）认为一个地区的产业结构、开放水平以及市场化程度等对投资环境也有重大影响，从而对该地区吸收 FDI 的水平起了举足轻重的作用。在实证研究中，大多数的研究均运用统计分析方法来寻找和确定影响 FDI 的因素，而数据采用横截面数据或时间序列数据，在统计方法的选择上主要运用普通最小二乘法、主成分分析方法及 Hendry（1991）所提出的一般到特殊的方法，如 Culem（1988）、Torrisi（1985）、魏巍贤（1997）、鲁明泓（1997）、孙俊（2002）等。针对以上方法的局限性，许和连、赖明勇、钱晓英（2002）采用有第二代回归分析方法之称的偏最小二乘（PLS）回归方法通过建模分析了我国外商直接投资的影响因素。

由于中国在吸引 FDI 方面的突出表现，国际学术领域也给予了高度的关注。在众多学术文献中，比较有代表性的研究成果如下：

许罗丹和谭卫红（2003）利用局部调整模型分别用 1985~2001 年在华 FDI 总额、美国在华 FDI 和港澳台在华 FDI 的数据进行了实证分析。分析结果表明，投资的聚集效应、我国的经济水平、居民消费水平、基础设施建设水平、GDP 表示的市场容量对我国吸引 FDI 的影响显著，特别是我国的基础设施建设；但我国工资水平的影响不显著；影响出口导向型投资的因素与影响我国整体 FDI 水平的因素一致，但这些因素对来自市场导向型的直接投资影响不显著。

梁琦（2003）用逐步回归法对我国 28 个省区 1998~2000 年的年均 FDI 流入进行了实证研究，结果表明：进出口贸易与 GDP 之比表示的开放度、地区制造业中所有企业的数量表示的地区企业集聚、地区优惠政策指数显著为正，系数依次减小；城镇居民平均收入表示的市场需求意外地显著为负。产业区位商表示的地区专业化和各地区的基础设施得分不显著。

孙俊（2002）用我国28个省份1985~1999年的面板数据对用各地区每年吸引的实际外商直接投资金额与该地区当年的固定资产投资额的比值表示外商投资倾向变量的PFDI，用固定效应进行了回归，结果表明：用产业优势指数表示的产业结构变量IAI、对各类政策根据优惠程度分别赋值计算的优惠政策变量POL、用进出口总额/GDP表示的开放水平变量OPEN、用非公经济的增加值比例表示的市场化程度变量MAK显著为正，用人口中受大学以上、高中以上、初中以上教育的比率表示的3个教育程度变量EDU不显著。之后，对1992年进行结构突变检验，证明存在结构突变，然后分段进行回归，在1985~1991年时段，POL、OPEN、MAK显著为正，3个EDU均显著为负，IAI不显著；在1992~1999年时段，POL、OPEN、MAK、IAI均显著为正，3个EDU仍显著为负。

魏后凯等（2001）采用对秦皇岛市135个外商投资企业的问卷调查数据，用因子分析法对外商来华投资的区位因素进行了实证分析。结果表明，接近港口和交通干线、水电气供应及其成本、土地和房地产价格、当地的减免税收政策、接近北京和天津大市场、环境方面的考虑，以及劳动力供应和工资水平、政府办事效率、较低的行政费用、原材料和零部件的供应以及技术管理人员的供应、相关产业的发展、社区服务设施、较低的融资成本，以及文化娱乐设施等为主要的影响因素。

贺灿飞、魏后凯（2001）用207个城市1996年的数据分别对1995年和1996年的平均实际利用外商直接投资额FDI与1995年和1996年的平均协议外商直接投资额VFDI进行统计分析：沿海城市为1、内地城市为0的城市区位虚拟变量LOC，经济特区、沿海开放城市和省会（首府）城市为1、其他城市为0的优惠政策虚拟变量POL，1995年城市所在省份外资企业的数量FFE，第三产业就业在总就业中的比重THIRD，城市人口密度DEN，工业企业的数量INDUS，海港和内河港口城市为1、其他城市为0的港口虚拟变量PORT，工资率WAGE显著为正。地级市为0、省级市和计划单列市为1的城市行政等级虚拟变量LEVEL，城市人均国内生产总值PGDP不显著但系数为正。

魏后凯（2000）用第三次工业普查数据和《中国统计年鉴》《21世纪中西部工业发展战略》对1995年29个省级的截面数据区分欧洲7国、美国、韩国、日本来源地的工业FDI的决定因素进行了分析。结果表明：职工工资平均水平 Wage、市镇人口比重 Urban、GDP（日美欧系数依次下降）对欧美日显著为正，对韩国不显著；反映工业企业平均税负的 Tax 对所有来源地都不显著；反映韩国与各地区地理、经济文化联系的虚拟变量 LOC 显著；用工业增加值中劳动支出比例表示的效率工资 Wage 与欧美负相关但不显著。

崔新健（2000）用我国 1983~1998 年的数据对我国实际利用外商直接投资的影响因素进行分析，结果表明：①POL：以虚拟变量代表政治稳定性，考虑突发事件及其滞后影响，1986~1987 年和 1989~1990 年取值为 1，其他年份为 0，7 个回归中 4 个显著为负；②GDP：国内生产总值，反映中国经济发展水平，是市场规模的替代变量，7 个回归中 6 个显著为正；③SAT：国有工业企业产值/工业总产值，主要反映国有企业改革程度，7 个回归中 6 个显著为正；④ADV：全国广告营业额/GNP，主要反映市场化程度，7 个回归中 4 个显著为正；⑤TRA：进出口总额 GDP 均显著为正；⑥TER：第三产业产值 GDP，主要反映基础设施改善程度，尤其是商业基础设施的发展水平，7 个回归中 4 个显著为正。

贺灿飞、梁进社（1999）分别用 1986~1988 年和 1992~1994 年 17 个省份的面板数据，实证分析国内生产总值中劳动报酬比重 X1（>）（两阶段的大小），国内生产总值 X2（<），百元资金实现产值 X3（>），运输邮电产值 X4（>），人均国民生产总值 X5（>），至 1992 年的累计 FDI 规模 X6（<），外贸依存度 X7（=），表示东部与港澳台地区相邻的省区赋值 2、东部其他省区赋值 1、中西部省区赋值 0 的地缘关系 X8（>）均显著，其中 X1 的系数为负，其他系数为正。

鲁明泓（1997）利用 1988~1995 年 29 个省区外商投资数据，用 OLS 分析了外商投资区位的影响因素。结果表明，反映经济规模的国内生产总值，反映金融、信息、交通等行业发展水平的第三产业产值占 GDP 的比重，反映城市化水平的城镇人口与全部人口之比，有特区优惠政策为 1、其他为 0 的优惠政策虚拟变量，反映对外资企业进口的控制程度的外资企业进口额占该地区总进口额的比重，反映“工作努力”程度的偏差系数 D 显著为正；反映某一地区市场经济的发育度的国有工业企业产值与全部工业企业产值比，某一地区劳动力成本高于全国平均水平为 1、其他为 0 的劳动力成本虚拟变量显著为负；反映对外资企业出口强制性要求的严格程度的外资企业出口额占该地区总出口额的比重不显著，系数为正；反映经济发展水平的人均国内生产总值不显著，系数为负。

鲁明泓（1994）用主成分分析法对我国 29 个省份的投资环境进行了

评估，结果表明由地区人口、经济规模、第三产业发展水平、运输能力、消费规模、市场容量、经济外向度、资金供给能力构成的一般经济因子最为重要，其次为优惠政策因子。29 个省份的投资环境与 FDI 的流入的相关性在 1989～1991 年分别为 0.83、0.80、0.83，具有很强的正相关性。此外，华侨资本与地理因素有重要的相关性。

Leonard K. Cheng 和 Yum K. Kwan（2000）通过对中国 29 个地区 1985～1995 年的外国直接投资决定因素的研究，发现巨大的地区市场、良好的基础设施和优惠的政策对 FDI 有正面效应，而工资成本的效应则是负面的。教育效应为正，但不显著。此外，FDI 有很强的自我增强效应。在 1985～1995 年各地区 FDI 存量并不趋同，而是背离的。

Shuming Bao、Gene Hsin Chang、Jeffrey D. Sachs、Wing Thye Woo（2002）研究了地理对中国区域经济增长的效应。该研究为中国经济在 1978～1998 年的区域增长格局构建了一个模型，探讨了外国直接投资和农村剩余劳动力的作用。资本投资的预期回报率和工资的差异导致了 FDI 和劳动力流动。投资回报率和工资率的差异在很大程度上可以由地理因素来解释。在市场改革和开放政策的背景下，沿海省份具有空间和地缘优势。其结果是，沿海省份的资本投资回报率高于其他省份，因而吸引了更多的资本和劳动力，导致了经济增长的差异。实证研究证明了这一假定。研究发现，地理因素在解释中国增长的地区差异方面在统计上非常显著，差距主要就是沿海和非沿海地区的差异。

Qian Sun、Wilson Tong 和 Qiao Yu（2002）分析了中国各省 1986～1998 年 FDI 在空间和时间上的变化。该研究特别注意了 FDI 决定因素的重要性因时间而发生的变化。由于 FDI 的性质发生了变化，所以决定因素的重要性也发生了变化。研究还发现，累积的国内投资、累积的 FDI 对新的 FDI 影响为负，各省官员不得不改善投资环境。另外，跨国公司可能会选择在 FDI 竞争对手较少的省份投资。研究解释了沿海省份 FDI 分布要好于中西部省份的原因。

Yigang Pan（2003）研究了 1984～1996 年来源国和东道国因素对流入中国的 FDI 的影响。研究以实证证据为基础，研究了外国企业进入中国的动因。研究发现，绝大部分的 FDI 是以占领巨大的中国国内市场为目标的。因此，其他一些因素并未发挥很大的作用。因为外国企业并不计划在短期内将利润从中国转移，所以汇率也就不是一个主要因素。在发达国家，企业倾向于计划将资本从东道国转移或移向东道国；而在中国这样一个转型国家，外国投资可能是由长期考虑的，因此汇率的重要性就降低了。同样，与东道国地理接近对从事采购活动的企业而言比市场寻求型活动更重要。当企业是以渗透中国市场为目标时，来自于更远的来源国的企业更希望在中国进行投资，以减少运输成本。该研究的缺点在于没有研究企业层面的决策行为，这是由于数据是以档案数据为基础的。研究的另一个局限性在于缺少一些指标（如相对汇率），这是为了防止与对发达国家 FDI 研究的重叠。研究表明，中国的 FDI 与发达国家的 FDI 具有某些相似性。更为重要的是，它们之间有一些相异性，这可能显示了转型经济中 FDI 的特征。该研究提出了研究发达国家与转型经济体 FDI 差异的需要。

Chyau Tuan 和 Linda F. Y. Ng（2002）以克鲁格曼的中心—外围理论为框架，通过对①用重力模型对中心—外围关系形成；②是否不同类型的产业对 CP 系统有不同的反应；③在吸引 FDI 方面，FDI 的来源和企业规模是否很重要三个方面的考察，研究了集群经济对 FDI 流入的影响。研究者使用了一个 1998 年在广东投资的制造业和服务业合资企业的数据库。实证研究表明，CP 关系的集群效应影响了 FDI 的流动格局。尽管制造业和服务业 FDI 以及投资来源对影响有不同的反应，小企业对 CP 集群系统更敏感，而不管产业类型与来源如何。

1.2.3　FDI 区位研究中存在的不足

关于跨国公司区位选择的研究，尤其是实证研究，可谓是汗牛充栋。不可否认，这些理论研究不但对中国吸引外资的政策的制定和修改、完善有着非常重要的现实意义，而且对跨国公司对外直接投资的动因研究有着重要的启发意义。但是，值得注意的是，包括国际生产折衷理论在内，几乎所有的理论和实证研究都只是列举和分析了一些影响企业对外投资的区位选择的区位因子，而没有从区位选择和变动的角度对跨国公司对外投资的区位进行系统研究。

从本质上看，跨国经营是企业成长及企业生产经营地点的空间转移或延伸。如果我们不考虑空间问题，仅仅把企业的经营活动抽象在一个“点”上，也就根本不存在所谓的“对外”直接投资的问题。因此，要深入探讨国际直接投资问题，必须从空间和区位问题着手。同时，与跨国公司有关的区位问题的研究，不应该仅仅停留在分析区位因素的层面上，而应该深入研究跨国公司 FDI 区位选择和转移的基本动力机制。

第❷章
FDI区位选择的因素分析

跨国公司在全球范围内安排其国际生产的过程中，必然涉及区位选择问题。随着跨国公司主导的现代国际分工体系的发展和跨国公司影响下的全球经济一体化的深化，区位选择问题已经变得非常复杂。因此，对跨国公司的区位研究需要在分析跨国公司所面对的区位因素的基础上，考察跨国公司的区位体系特点及其区位选择行为，以便为进一步的理论分析奠定基础。

2.1 跨国公司的区位体系和区位选择模式

2.1.1 影响跨国公司的区位因素和国际区位条件

2.1.1.1 影响跨国公司的区位因素

在区位理论中，一般把进行区位选择的主体称为区位主体（Location Subject），它是一个独立的存在体，具有明确的目的和理性的判断力，可以独立自主地决定区位。按照行为目的，区位主体可分为经济主体（如企业、家庭）、公共主体（如中央及地方政府）和非营利主体（如学校、宗教团体等非营利团体）等。无论是何种区位主体，均出自各自特定目的（效用、利润等）而选择能够最大限度实现其目的的区位，这就是最佳区位。由于区位条件的地区差异，当某一个特定的区位主体选择不同区位时，所实现的目标值会有所不同，区位理论将这种引起差值的要素称为区位因素（Locational Factor）。换句话说，区位因素是区位主体在选择和决定区位时所考虑的主要因素。既然区位因素是带来不同目的值的要素，那么这种要素的“值”或“大小”首先在空间上应有差异，空间上没有差异或差异不大的那些要素不能称为区位因素。区位因素可以从不同的角度和标准予以分类，图 2-1 表示的是最为普遍的分类方式。

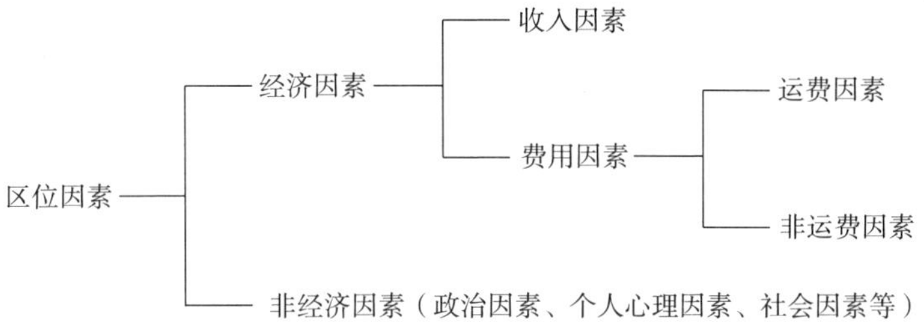

图 2-1　区位因素的类型

区位因素对区位主体的重要性或影响力，由于区位主体、区位主体的活动内容以及区位主体的战略和计划的时间尺度（长期或短期的战略、计划）的不同而有较大差异。对于经济主体而言，考虑更多的是经济因素，非经济因素可能起加权作用。

跨国公司的区位因素可以定义为：跨国公司作为一个独立的区位主体，在既定的国际区位条件下，为最大限度地实现其目标而进行国外区位决策时所考虑的主要因素。

和其他企业一样，跨国公司的最终目标也是追求最高利润（利润=总收入-总费用），只不过跨国公司追求利润的活动空间更广阔而已。实现利润最高的地点，就是最佳区位点。在任何一个地点，收入和费用是相互矛盾的统一体，几乎不存在收入最高而费用最低的空间。假使总收入在任何一个地点均相等，那么总费用最低点就是最佳区位；当总费用在各地点间的差异很小以致可以忽略时，由价格和销售量决定的总收入最高的地点就是最佳区位。由于跨国公司面对的国际区位条件非常复杂，存在着很多不确定因素，再加上区位决策所需信息的质和量又受各种条件的限制，所以跨国公司做出的区位选择有时可能并非最佳区位。同时，跨国公司作为一种在全球范围内拥有多个区位单位的巨型区位主体，它所考虑的不是每个区位单位各自的最大利润，而是所有区位单位结合起来所实现的整体利润最大化，因此，有时做出的个别区位决策也并不一定代表最佳区位。

2.1.1.2　影响跨国公司的国际区位条件

无论跨国公司选择何种区位战略，都必须从收入和费用的角度出发评价国际区位条件。所谓国际区位条件（International Locational Condition），指的是左右跨国公司区位选择的各地点所具有的特性。由于跨国公司是以获取最大利润为目的的经济主体，因此在各地点所具有的各种条件中，经济条件是跨国公司国际区位条件的中心内容。

为适应全球竞争环境和提高盈利能力，跨国公司总是试图将其在国内经济环境中构筑的竞争优势（核心能力）运用到国外，以便将其国内地位尽快转换成国际地位甚至全球地位。和国内企业一样，跨国公司的区位选择必然受所处环境条件的影响。不同之处在于，当企业发展到跨国公司阶段时，它的活动空间已不再局限于国内，为此，需要对国际区位条件做出反应。

世界经济环境的多样性和异质性，决定了跨国公司区位条件的特殊性。与国内区位条件相比，国际区位条件最突出的特征在于其巨大的差异性和复杂性。首先，各国的经济发展水平和经济结构存在着巨大差异，这种差异往往要超过一国内部的地域差异；其次，制度上也存在差异，各国的政治制度、经济制度、法律制度各不相同；最后，跨国公司面对的是种族、民族、语言、历史、宗教等千差万别的文化环境。国际区位条件的复杂性和差异性，除了给跨国公司带来困难和压力，从而使其价值创造活动变得异常艰巨外，又给跨国公司提供了无限的机会。只要跨国公司能够发现并准确地把握这些特征，并同其所具有的经营资源优势相结合，做出正确、合理的区位选择，就可以实现企业发展的新的飞跃。

跨国公司国际区位条件的特征可以归纳为以下几个方面：

（1）国际间劳动力费用存在巨大的差异。劳动力受一国人口结构和经济发展水平的影响，在质和量上存在很大的差异。一般来说，发达国家劳动力的技术水平、熟练程度和劳动生产率要高于发展中国家，这体现在其较高的工资水平上；发展中国家劳动力供给充足，但生产率水平较低，因而工资水平也较低。像东亚地区那样工资水平较低、受教育水平又相对较高的劳动力资源并不多见，这无疑会对跨国公司产生较大的吸引力。在劳动力的诸多特性中，跨国公司比较关心的是劳动力的价格——工资。

劳动力的国际移动受到多种因素的限制，因此国际间工资水平的差异显得格外重要。虽然一国内部也存在工资的地区差异，但地区间工资差距通常会引发劳动力的国内移动，从而劳动力的地区差异不会偏离劳动力的地区移动费用很多。而国际间劳动力移动，特别是低工资劳动力的移动仍受严格限制，即使是在要素能够自由流动的欧盟内部，由于受语言、文化等条件的限制，劳动力也不能完全地自由流动。此外，当经济不景气时，各国对外籍劳动力的排挤将变得更为激烈。

国际间工资的差异，有时还会由于汇率的急剧波动而迅速变化，而这种情形在国内绝不会发生。如 1985 年以后日元的急剧升值，使日本成为世界劳动力成本最高的国家之一，80 年代后半期日资大举进入东南亚国家正是日本企业对国内高工资压力而做出的反应。工资水平对于跨国公司区位的影响，主要集中于价值链中的生产职能，特别是劳动密集型产业对工资水平的差异非常敏感。

（2）外部效应在国际间存在很大的差异。外部效应可以分为两种：一是来自基础设施的外部效应；二是来自产业集聚的外部效应。这两者均反映了一个国家的经济积累水平和产业发展水平，一般来说，经济发达国家通常表现为外部经济，而经济发展中国家往往表现为外部不经济。

基础设施，一般是指为各项产业活动提供服务并构成其共同基础的部门和活动的总和，包括运输通信系统、动力系统、仓储系统、供排水系统以及教育、科研等部门。跨国公司构筑全球企业网络，意味着企业组织中各职能部门活动在世界范围内的地理扩散和相互间联系的加强，此时不仅成品、中间产品、原材料等物质产品的交换量变大，而且人员、资金、信息的移动范围、移动频率和流动量也迅速扩大。因此，这就对各项基础设施条件提出了较高的要求，而完善的基础设施有助于降低运输成本、时间成本和交易成本。越是高级的职能活动（中枢管理职能、研究开发职能、生产职能中的知识密集型活动），对基础设施的要求越高，尤其对航空运输、集装箱运输、高速公路等高速交通运输体系和发达的通信网络提出很高的要求。实施出口主导型工业化发展战略的发展中国家，大力兴建出口加工区、自由贸易区、经济特区等各种类型的自由经济区，并集中投入大量资金来改善基础设施，其目的无非是要克服因基础设施不完善而带来的外部不经济，以便吸引更多的外部资本。

产业集聚效应，指的是由诸多经济活动集中于相对有限的地理范围内且存在较强的结合关系而带来的效应，这种结合关系主要表现为生产结合、服务结合和市场结合三种形态。三者间关系产生企业间的前向关联和后向关联。

产业关联度高的部门，终极产品的生产需要为数众多的关联产业的支持。除了生产关联外，还需要一系列支援和服务活动：作为前期服务需要长期的研究开发活动、试制活动、工程设计活动；作为后期服务需要高效率的品质检查和测试、销售和售后服务等活动。

相互关联活动的地理接近可带来以下利益：①生产过程中供应者和购买者的短距离结合，可以缩短产品工序之间以及部件和副产品运输的时空成本；②可以引发“互补产品”的需求拉动；③关联产业的地理接近有利于企业间围绕生产要素的合理利用开展专业化分工，还有助于新产品开发、生产技术革新等进行紧密合作；④相关产业的集聚有助于加强行业信息的交流，使得企业可对市场变化做出灵活而迅速的反应。

产业集聚水平，对于那些产品生命周期短，技术变化激烈，终极产品由为数众多的部件、工艺构成的高新技术产业尤为重要。对于产业集聚反应最为敏感的是软件产业、信息通信设备产业、时装产业等，以高度组装为特征的汽车制造业和电子电器工业次之。

产业集聚是一国国民经济历史发展和资本积累的反映，因此产业集聚的国际差异很大。在各国不同的竞争环境下，形成了各具特色的产业集聚优势。如美国在许多服务业领域（金融、广告、信息服务、医疗服务、餐饮业、零售业等）以及高度技术密集型的航空航天工业和通信产业，日本在汽车、家用电器等耐用消费品制造业领域，德国在高度的机械加工和化学工业领域，意大利在家具、时装、制鞋等劳动密集但需要高度设计能力的多品种少量生产领域等，分别创立了世界水平的产业集聚和竞争优势。跨国公司往往就诞生在这些母国有竞争优势的产业领域，母国拥有的深厚的产业集聚为跨国公司的成长和发展提供了坚实的基础。

跨国公司准备在海外生产某种产品时，不可能短期内在国外形成同国内相当的产业集聚，从成本上考虑，所需要的关联产品也不可能全部从本国进口（东道国政府也常常提出原产地规则或国产化标准），因此，跨国公司在决定生产区位时通常会比较看重东道国的配套产业发育状况。如果配套产业已经形成空间上的产业集聚，无疑将对吸引同行业或相关行业跨国公司的投资具有积极的作用。

（3）东道国采取的贸易壁垒。各国政府出于保护本国产业或者改善国际收支状况的目的，往往会对外国商品或服务设置关税和非关税壁垒，为外国商品或服务向本国市场的出口制造障碍。而在东道国国内，商品的区域间贸易是自由的（尽管一些经济不太发达、区域间经济发展水平差异较大的发展中大国也存在某种程度的地方保护主义，但比起对外贸易来说，国内贸易的限制要小得多）。贸易政策作为各国政府管理本国经济的重要手段，各种关税和非关税贸易措施大大提高了国际贸易费用。

虽然在 GATT 及其后的 WTO 的主导下，各国为建立以自由无歧视的多边贸易体系为重要内容的国际贸易秩序进行了长达半个世纪的努力，关税水平已大幅度降低，但大多数发展中国家的关税税率仍高于发达国家。而发达国家的关税税率虽然已降到很低的水平，但仍存在进口配额、自动出口限制、进口许可证、歧视性的政府采购政策、最低限价与禁止进口以及复杂苛刻的技术标准、健康卫生规定、商品包装和标签要求等名目繁多的非关税壁垒。贸易壁垒的存在，迫使那些希望向国外市场供给产品的企业为获取市场而不得不考虑在当地生产。

在当代世界经济条件下，贸易自由化与贸易保护主义同时存在。尽管 WTO 为推进全球贸易自由化制定了各种“游戏规则”，但关税壁垒以及各种形式的非关税壁垒，仍然构成世界贸易自由化的障碍。除了国家之间的贸易壁垒以外，区域性贸易市场的建立，在扩大成员国之间贸易自由化范围的同时，形成了对非成员国的贸易障碍或贸易歧视。因此，在经济区域化和集团化的过程中，世界市场所表现出的一个重要特征在于，封闭的市场在扩大，而开放的市场在缩小。在这种情况下，跨国公司为了进入封闭的国家或地区，往往采取国际直接投资的方式，以绕过贸易壁垒。

贸易保护的存在是跨国公司向发达国家投资时考虑的重要条件之一。贸易保护主义措施，起初主要是那些以实现进口替代型工业化为目标的发展中国家政府为保护本国幼稚产业而采取的，但后来发达国家之间也因对方国家发动猛烈的出口攻势并发生激烈的贸易摩擦而效仿。以日本、美国为例，美国对日本产品的进口限制自 20 世纪 60 年代起就已经存在，70 年代以来，日本对美出口攻势所涉及的产品领域更加广泛、产品数量急剧增加，以致直接威胁美国主导产业和战略产业的生存，从而日、美贸易摩擦愈演愈烈。因此 80 年代以后，日本企业对美国的大规模直接投资带有典型的贸易壁垒回避性的特点。欧盟虽然对内部产品的流动废除了关税壁垒，但对区域外产品则采取共同关税，这对于区域外产品意味着差别化待遇，从此意义上也可以视为一种特殊的贸易壁垒，同样引发了以占领欧洲共同市场为目标的跨国公司的直接投资。

（4）市场需求的差异。市场需求的差异表现在市场规模、市场的成长性、市场需求结构以及消费者的需求嗜好等方面。

市场规模主要由该国经济规模、人口数量、人均收入水平和购买力所决定。市场规模在国家间的差异很大，一般经济越发达、人口越多、购买力越强的市场规模就越大。市场规模同企业的生产规模有相关关系，企业如果能够占领大规模市场，将有利于实现规模经济。然而，国外大规模市场的存在，并不能说明企业一定要以对外直接投资的形式占领当地市场，因为出口也能实现市场占有。只有当市场准入遇到障碍（如贸易壁垒）而出口费用被人为地抬高时，市场规模才能对企业的国际区位产生吸引力。通常，美国、欧洲等发达国家的巨大市场成为市场寻求型跨国公司的主要区位目标。

市场的成长性是由国家经济增长速度、可持续发展能力以及人口增长率等因素决定的，而市场的成长性同一国所处的发展阶段有关。发展中国家或中等发达经济国家由于经济规模基数较小，实现高速成长相对容易。20 世纪 80 年代以来的东亚，特别是中国，已成为举世瞩目的成长中心，东亚对跨国公司的吸引力已经不仅仅是低工资的劳动力，而是现实的和潜在的巨大市场。90 年代以后的拉美国家，特别是巴西、阿根廷等美洲南部共同市场国家，也开始受到跨国公司的重视。

各国消费者的需求结构和需求喜好受文化、生活习惯以及自然环境等多种因素的影响而有所差异。对于跨国公司来说，及时准确地把握目标国家的市场需求特征具有重要意义。在完全的信息交流尚未实现的情况下，国际间市场需求的差异将促进跨国公司选择接近目标市场，在当地进行生产。海外市场变化的不稳定性也是促使跨国公司努力接近目标市场的一个因素。

接近目标市场，尤其是置身于美国等竞争激烈的世界领先市场，其意义不仅仅局限于建立产品的生产、销售基地，而且对于意图在全球竞争中存在和发展的跨国公司来说，它可以从以下几个方面享受一些重要的扩散效应：①可以获取企业发展所需的重要信息，因为这样的市场又是世界信息的中心；②促使企业生产出世界一流品质的产品，因为那里有富有经验的、对产品又十分挑剔的消费者群体；③有利于企业持续地提高技术水平，因为那里是世界重要的创新中心。

需要注意的是，经济运行是否遵循市场机制对吸引资本流入具有重要的意义。市场机制是实现和调节资源配置的一种经济机制和手段，一个地区产品和要素的价格信号是否正确反映了市场的供求状况，在此地进行的经济活动是否规范、是否有法律保障、是否有秩序等，都对外资进入该地有极大的影响。外资流向市场比较成熟的地区可以降低投资的风险，减少获取信息的交易成本。

（5）东道国政府对外国资本的投资优惠差异。越来越多的发展中国家深刻地认识到，外国直接投资对本国的经济增长、技术进步、对外贸易以及就业将做出贡献，因此各国之间围绕着吸引外国直接投资展开了激烈的角逐。为在资本争夺战中争取优势地位，各国政府积极改善投资环境，制定鼓励外国直接投资的各项优惠政策，如减免税收，提供补助金，政府出资建设基础设施，优惠工业用地、用水、用电等，以牺牲部分利益为代价吸收外资。兴建各种形态的自由经济区也是为了在特定的区域范围内集中实施各项投资优惠措施，以提高引进外资的效率。值得注意的是，很多发达国家出于防止“产业空心化”和解决失业问题的目的，也纷纷加入到了引资竞争行列，甚至过去一贯被认为对于外国资本最为保守的日本政府也在致力于引进外资，采取了放宽各项规则、降低市场准入门槛和设立“结构特区”等各种措施。

（6）存在各种风险。跨国公司的活动舞台已经走出国门，东道国的政治、经济特性或一些突发性事件随时会带来国家风险（Country Risk），这也是国际区位条件的特殊性。跨国公司面临的最大风险，是来自东道国政局的变动和混乱。1979 年的伊朗革命以及接踵而来的两伊战争（1980～1982 年）、1990 年的海湾战争，使投资于中东地区的跨国公司蒙受了巨大的损失。2001 年的“9・11”恐怖事件，使该年的全球 FDI 剧减，出现了十年来的第一次负增长。东道国政策的突变，如国有化浪潮、提高当地化率以及其他金融、贸易、税收政策的变化等，也都是威胁企业活动的政治风险。还有一种风险，是起因于东道国经济特性的风险，最近的一个典型例子是 20 世纪 90 年代末发生的亚洲金融危机。但一般情况下，纯粹的经济风险很少发生，更多的经济风险往往与政治因素有密切关系。如 20 世纪 80 年代拉美国家出现的严重的债务危机和通货膨胀，就是政治影响经济结构的结果；又如激烈的汇率变动所引发的风险，多半也是政治干预经济而产生的，其中，汇率的激烈变动会突然改变竞争条件而打击跨国公司。

总之，东道国风险会给跨国公司等外资企业带来重大影响，企业因此会面临无法正常经营、收不回投资的风险。当选择新的投资国时，风险因素是重要的评价标准，一旦判定存在较大的风险，就有可能放弃投资计划。但现实中很多风险难以预测或回避，所以对于那些已在东道国开展经营活动的跨国公司来说，只好采取重新制定经营战略或调整区位等措施加以挽救。因此，大多数厂商对区位的理性选择并不是纯经济的，而是综合性的。良好的社会政治经济环境，能够为厂商的经营活动提供稳定的市场条件，减少投资风险。

以上主要从经济方面分析了跨国公司面临的主要国际区位条件的特征。国际区位条件中存在的巨大差异性和复杂性，是跨国公司从事国际经营、跨越国界进行区位选择的客观基础。正是这种差异的存在，从积极和消极的两方面，促使企业冲破由国家界限带来的空间限制，不断扩大利润空间。但是由于各个跨国公司的母国背景、行业背景、企业战略背景及所处时代背景不同，对具体国际区位条件的评价和所做出的反应各不相同，因此，需要从跨国公司的区位因素和区位行为角度进行深入分析。

2. 1. 1. 3　跨国公司区位因素与国际区位条件的对应关系

国际区位条件中的劳动力工资、外部经济、贸易壁垒、市场需求、投资促进措施等国际差异，可以表现为不同形式的费用因素或收入因素。

国际间的工资差异，对跨国公司来说就是劳动费用因素。在劳动费用因素方面，发展中国家具有比较优势，特别是对劳动密集型生产活动有强烈的吸引力。劳动力供给充足、工资水平低、受教育水平较高的东亚地区的优势格外突出。除劳动费用外，劳动力的熟练程度、技能水平等劳动力质量的国际差异也很重要，劳动力的质量差异往往以工资的形式体现在劳动费用上。劳动力质量因素对跨国公司的某些职能活动，如技术密集型产品的生产活动、研究与开发活动以及一些管理活动的区位影响程度，通常超过劳动费用因素。经济发达国家在劳动力质量方面有着明显的优势。

外部经济的国际差异可以用集聚利益来评价。所谓集聚利益，就是由集聚而带来的利益，传统的区位理论解释为由于集聚使得生产费用降低、销售额增加而产生的追加利益部分。最新的产业集聚理论（也称产业集群理论）发现，产业集群对提高生产率、刺激创新、激励创业等方面，有着特殊的功效，因而成为集群内企业竞争力的重要源泉（Poter，1998）。产业集群特有的“柔性生产体系”，对产品生产周期短、技术变化激烈、对专业化分工与协作要求较高的产品生产的吸引力尤为强烈（Scott，1988）。当集聚利益对区位产生吸引力时，集聚利益就表现为集聚因素。对集聚因素评价时，发展中国家处于劣势，往往成为跨国公司选择发展中国家区位时的主要障碍。

贸易壁垒属于对外国商品的市场准入设置的障碍，可看成是“人为的运输因素”，它区别于由于各国距离而反映出来的物理意义上的运输费用。当贸易壁垒以关税形式体现时，其费用较容易计算，而由非关税壁垒导致的费用则较难计算。

市场需求的国际差异对跨国公司区位选择的影响，属于收入因素的范畴，具体表现为市场接触利益。一方面，接近市场可以随时随地以适量、适度、适价的方式向市场提供产品（服务），便于提供售后服务，从而可以带来特殊的收入扩大利益；另一方面，接近市场可以降低产品储存、售后服务、与顾客的联系、市场广告宣传等诸项费用，也就是可以带来降低费用的利益。市场接触利益不仅对产品的销售至关重要，而且对企业更高一级职能活动的区位也具有影响力。

东道国鼓励外资的措施，从集聚和收入两方面起作用。基础设施的集中建设和改善以及内外资企业活动向特定自由经济区集聚，可带来集聚利益。减免税收、提供补助金等，可增加企业生产活动之外的额外收入。发展中国家主要依靠给予外国投资者相对多的优惠政策来吸引外国资本。对外商投资的优惠政策集中体现在税收优惠、信贷放宽、优先获得进出口权以及外汇使用优惠等方面。对外商投资企业的优惠政策是发展中国家对外开放后吸引外资的重要条件，然而这一政策在时间和空间上都是变化的。一方面出于国家发展战略的考虑，另一方面由于对外资作用的认识是逐步提高的，东道国政府对外国投资的限制采取了逐步放松的策略，有关的立法，审批手续，产业投资政策都是逐步完善的。对外商投资开放的地区和领域也是随改革开放的深入而放宽的。在空间上，发展中国家对外开放以来所实施的战略造成了各地区吸引外资政策的不平衡；政策在时间和空间上的差异在很大程度上造成了外资地区分布的不平衡。

东道国政治、经济风险给跨国公司企业活动带来的一种障碍，可看作是海外企业活动的追加费用。国家之间文化、制度上的差异会使跨国公司为磨合和融合付出额外代价，因此也可以认为是跨国公司区位的追加费用因素。

跨国公司区位因素与国际区位条件的对应关系如表 2-1 所示。跨国公司为实现利润最大化目标，结合其企业战略对各种区位因素（劳动费用、运输费用、集聚利益、市场接近利益以及额外的追加费用等）进行相互间的对比和同因素的国际横向对比，在此基础上进行区位决策。对东道国政府来说，需要提高劳动力的综合素质，建设完善的基础设施，努力营造和平稳定的政治、经济环境，减少跨国公司对自己国家投资的风险感，继续采取鼓励外商直接投资的政策。

表 2-1　跨国公司区位因素与国际区位条件的对应关系

跨国公司的区位因素	国际区位条件
· 劳动费用因素	· 劳动费用的国际差异 （发展中国家的低成本劳动力优势）
· 集聚因素	· 外部经济的巨大差异 （发达国家的外部经济优势）
· 运输费用因素 物理因素 人为因素	· 各国间距离 · 关税、非关税壁垒
· 收入因素	· 国际间市场需求的差异 · 东道国投资优惠政策

续表

跨国公司的区位因素	国际区位条件
·生产费用的追加因素	·投资风险 ·东道国的投资限制

2.1.2 区位影响因素导致的跨国公司区位行为

一方面，一个地区的投资环境状况在相当大的程度上决定着国内外投资者投资与否、投资规模、投资方向、投资形式及投资效益。另一方面，它也决定着引资地区在引进和利用外资方面的成效。厂商的跨地区投资，是一种在地域上脱离母体而移师异地的经济活动。一般来说，厂商跨地区投资由企业优势和区域投资环境优势共同决定，两种因素对企业跨地区投资决策同等重要，有时区位优势也会处于关键地位。

2.1.2.1 跨国公司经营环境的变化导致的区位选择和区位调整

跨国公司的具体区位决策受跨国公司经营方针与经营战略的指导，其中经营方针相对稳定。世界各国、各地区大多数企业的经营方针的核心内容大体为“以更低的价格、更好的品质向社会提供产品或服务”。经营战略是企业为实现经营方针而采取的中、短期具体策略的组合。与相对稳定的经营方针相比，企业的经营战略是不稳定的，企业必须顺应经营环境的变化而不断地改变战略。经营战略的变化，具体体现在区位选择和区位调整上。

在跨国公司发展的不同阶段，其体系内部母公司同海外子公司（分支机构）之间、海外子公司相互之间的联系内容与关系性质，大体经历了“垂直型”“水平型”和“网络型”三个阶段。

当跨国公司的海外经营历史短、规模小、海外事业活动内容不太复杂时，主要采用“垂直型”管理控制模式。该模式下，决策管理权限集中于总部，海外子公司的主要使命，要么是占领东道国市场（绕过贸易壁垒或节约运输费用），要么是利用东道国廉价的生产要素生产低成本的产品或部件，海外子公司相互之间不存在各种信息流和物流。

当跨国公司为了追求市场效率而推进本地化经营时，跨国公司的管理控制模式将从前述的支配—从属关系向“水平型”关系转变。为了提高对需求和文化特性各异的东道国市场的适应能力，跨国公司实施人才本地化、部件本地化和决策本地化。海外子公司被赋予更多的自主权，相对于母公司的独立性显著增强。在这一模式下，跨国公司向东道国提供市场需求的新产品，在东道国形成较为完整的价值链。东道国内部的强关联和东道国之间的弱关联，也是“水平型”管理控制模式的一个重要特征。

当跨国公司的海外布点告一段落、子公司也趋于成熟时，跨国公司便从全球的角度对体系内部子单位进行整合。为提高公司整体的效率，跨国公司把相互重复的活动适当加以集中，在各生产单位之间开展专业化分工，以此实现规模经济。为了更充分地利用各国科技资源和加快创新速度，跨国公司致力于构建全球创新网络，在全球任何一个区位产生的新知识和能力，通过公司内部信息网络传递。重复的职能被一体化，稀缺的资源得到共享，不足的能力以集中攻关的方式加以解决，网络整体形成了一个高效率的有机体。

跨国公司趋向于网络运作的最终目的在于增强企业的全球利润最大化。面对复杂而变幻不定的经营环境，跨国公司的经营目标从以往的“求稳”转变为“求变”，为此而采取的新的应对策略有超级并进工程（Concurrent Engineering，CE）策略、供应链管理（Supply Chain Management，SCM）策略和外包（Outsourcing）策略等。

CE策略是指在产品的研发阶段由研究开发部门、生产部门和销售部门等相关部门共同参与、协同作战的系统方法。有了同时推进，原本从概念（创意）到废弃按价值链流程由上而下依次解决品质、技术、成本、客户服务等所有要素的新产品开发过程，变成在新产品的策划和设计阶段全部完成，因而大大地缩短了研发时间和投资市场的周期。

供应链管理是指对整个供应链系统进行计划、协调、控制和优化的各种活动和过程。实施供应链管理的目标是将顾客所需的正确的产品，能够在正确的时间，按照正确的状态送到正确的地点——“6R”，并使总成本最小。和国内企业不同，跨国公司可以在全球范围内实施供应链管理（全球供应链管理）。

外包是指原本由企业内部储备的人、物、财和信息等经营资源转变为从外部筹供的策略。这一策略可以解读为：企业为了降低成本和提高灵活性，将经营资源集中投入于本公司的核心业务上，其他次要经营资源通过加强同外部企业之间的横向联系来获得。就制造业跨国公司来说，委托加工、贴牌生产、电子制造服务等均属于外包策略的具体手段。

上述三种策略，是跨国公司为降低成本和更高效率地服务于国际市场而采取的最新经营策略。三种策略分别对跨国公司的区位行为产生重要意义。CE 策略意味着跨国公司要在世界的主要市场建立较为完整的价值链；外包策略要求海外分支机构要充分利用东道国的外部资源，实现的途径就是海外分支机构在区位上接近东道国的产业集群或大城市，以便最大限度地享受外部经济利益；供应链管理策略则要求企业在实现各个职能单位最佳区位的同时，不断地调整和协调体系内部各区位单位，并加强对区位单位的一体化管理。

2.1.2.2 跨国公司国际经营的现状——网络分工与全球协同

跨国公司作为现代企业高度发展的产物，已经进入多产品、多功能、多国家的发展阶段。随着经济全球化向纵深方向发展，企业间跨国界的竞争愈演愈烈，跨国公司的国际经营已不再单纯停留在销售活动和生产活动上，而是扩展到了价值链上游的采购活动、研究与开发活动和部分中枢管理活动，每项职能活动都涉及如何寻求最佳区位的课题。

因此，为了确立全球意义上的竞争优势，越来越多的跨国公司开始在全球范围内配置和调控价值链。跨国公司除了继续推进其销售职能和生产职能的国际化外，创新活动——研究与开发职能也开始走出国门，进入国际化行列。有些跨国公司甚至连中枢管理职能也开始走出国门，在海外设立地区总部。

随着国际经营活动空间的扩大和海外分支机构数量的增加，跨国公司开始构建精致的企业内国际分工网络。这一国际分工网络包括各职能活动内部的网络，例如海外生产性子公司与母公司之间、生产性子公司相互之间密切的分工与合作网络，海外研究与开发机构同母国中央研究院之间以及海外研究开发机构相互之间知识与信息交流以及由此而形成的全球创新网络，公司总部同地区总部以及各国运营中心之间建立的分工关系以及管理与控制网络等。上述价值链不同职能之间存在密切的相互作用、相互支持和相互合作关系，从而形成全球协同的价值创造体系。

2.1.2.3 跨国公司的区位体系及跨国公司潜在的地理柔性

跨国公司的区位体系，是指跨国公司全球价值链配置及其调控的空间表现形式。作为一个跨国界的、庞大的和复杂的组织，跨国公司之所以具有比活动空间仅限于一个国家范围内的国内企业高得多的盈利能力，在很大程度上得益于其全球区位体系。

由于全球区位体系的支持，跨国公司具有“潜在的地理柔性”：一方面，通过将价值链中的各项职能活动分布于不同的东道国，以充分享受该国特有的区位优势（自然资源、资本和劳动力等生产要素，投资优惠、贸易壁垒、投资补贴等政策差异，以及科技人才、国家创新系统等特殊资产)；另一方面，当围绕跨国公司的国际、国内经营环境发生重大变化时，跨国公司可以灵活地调整区位和转移区位，以增强适应环境的能力。跨国公司对世界经济的影响，也是通过其全球区位体系产生的。

从全球经济的角度看，在美国、欧盟等世界主要市场上，跨国公司所转移的价值链更为完整，而在次要的市场和发展中国家，跨国公司所转移的往往是价值链中的部分活动，是不完整的，只构成国际生产网络的一部分。世界各国、各地区在跨国公司全球区位中的不同定位，深刻地影响着各国的发展状态以及在世界经济联系中的作用和地位。

跨国公司的区位体系是跨国公司区位因素、跨国公司区位条件以及跨国公司的战略三者相结合并且与全球价值链体系（不同部门选择）相结合的产物。具体来说，跨国公司从公司整体利润最大化目标出发，制定企业战略，并在企业战略的指导下，对价值链各项活动进行统筹安排，进而根据每项职能活动的具体区位要求，评价东道国的环境，最终做出区位决策。跨国公司将适应经营环境的变化，随时调整战略，而每一次战略调整都会不同程度地影响区位。跨国公司的全球区位体系，即是跨国公司按照自己的战略目标要求，对世界各国、各地区的差异化环境进行综合评价后做出的区位决策的结果。

2.1.3　跨国公司的区位选择模式

跨国公司本身拥有无形资产和品牌优势、管理优势、规模和垄断优势、融资优势，其对外投资时国别选择的基本出发点是利益驱动。通常生产成本最低和预期利润最高的国别往往容易成为投资地；同时，在受到各国贸易壁垒的影响时，众多的人口以及潜在的消费市场，也会吸引跨国公司选择较大市场国别进行投资。

按照国际直接投资理论，对目标国家的选择取决于东道国的区位优势，投资目标区位可供利用的优势资源及其结构，是投资区位选择的基准之一。但是，在投资区位优势给定的条件下，由于进入动机的不同，跨国公司将进入不同的国家或地区。在这种情况下，就需要对投资区位进行进一步筛选，筛选的主要方法是考察投资区位吸引力的大小。所谓吸引力的大小，实际上是投资区位对投资者投资动机的满足程度。投资者是结合自身的竞争优势和要素结构的特点，并通过对进入风险的评估做出进入决策的，具体方法如图 2-2 所示。

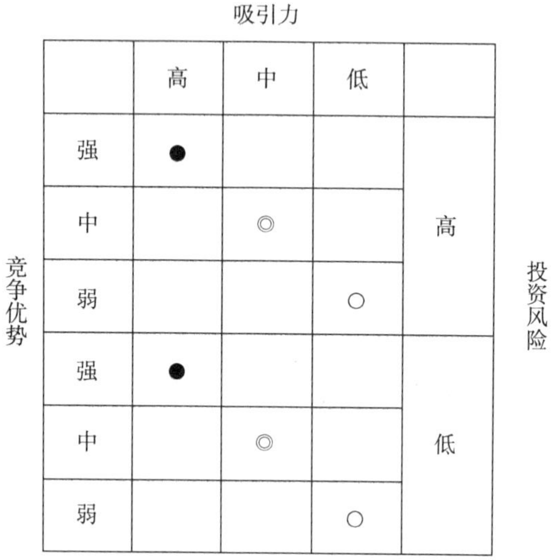

图 2-2　跨国公司区位选择

由图 2-2 可知，在投资的区位优势结构给定的条件下，投资区位的选择是通过投资区位吸引力、企业自身的竞争优势和投资风险等因素综合比较确定的，单纯考察一个因素并不能为投资区位的选择给出定位。区位吸引力是通过对东道国区位优势的比较分析来体现的；同时，区位优势与投资者自身优势的互补程度，也是决定东道国吸引力的一个基本变量。

跨国公司的 FDI 区位选择模式可以分为以下五种：

（1）以东道国或地区的经济规模、市场潜力、开放程度作为区位选择主要依据的 FDI。发达国家既是对外资本输出的主要来源国，也是吸引 FDI 的重点地区，原因在于发达国家市场规模庞大，有着广阔的经济增长空间。经济增长空间是区位优势的重要决定因素，因而无论是从流入存量还是年度流入量来看，发达国家都是 FDI 的重要目标区位（见表 2-2）。

表 2-2　1980~2005 年 FDI 流入量的地区分布　　单位：%

年份 地区	流入量				流入存量			
	1978~1980	1988~1990	1998~2000	2003~2005	1980	1990	2000	2005
发达国家	79.6	82.5	77.3	59.4	75.6	79.3	68.5	70.3

续表

年份 / 地区	流入量				流入存量			
	1978~1980	1988~1990	1998~2000	2003~2005	1980	1990	2000	2005
发展中国家	20.2	17.5	21.7	35.9	24.4	20.7	30.3	27.2
中东欧国家	0.02	0.02	0.9	4.7	—	0.01	1.2	2.5
世界合计	100.0	100.0	100.0	100.0	100.0	100.0	100.0	100.0

资料来源：UNCTAD. World Investment Report 2006. New York and Geneva：United Nations，2006.

跨国投资与在本国投资不同，投资者并不十分了解投资国各地的情况，也不可能进行十分周全的区位论证。因此，跨国投资在寻求当地原材料和供应商、确定市场机遇、招募高水平劳动力等方面均需要较高的搜索成本，这促使投资者效仿东道国已有的投资格局，以减少不了解情况带来的风险和成本，所以东道国的经济中心往往成为跨国投资的首选地。

例如 1947~1978 年，美国东北部工业区吸引了外国直接投资的 75.2%。日本在美国的直接投资中，汽车工业基本都集中在美国的传统汽车生产地带，只是考虑劳动力供应的原因，日本汽车制造商建立的工厂比较接近郊区。在东欧，来自西欧的直接投资也主要集中在大城市和其他传统工业发达区，如 1989~1992 年，保加利亚引进的外资中 53%流入索非亚都市区。发展中国家也同样如此，越南的外资主要集中在胡志明市，尼日利亚的沿海发达城市拉各斯集中了全国 50%以上的外资。虽然 1979~1985 年外资在中国的投资主要集中在经济并不十分发达的广东省，但这主要是受中国当时的政策限制，而且当时四大经济特区中的三个（深圳、珠海、汕头）都位于广东省，其中前两个城市具有毗邻港澳的优势。20 世纪 90 年代以来，上海的浦东新区以前所未有的速度吸引了大量的外国投资，取得了后来居上之势。

一个地区的开放程度决定了该地区的经济管理水平是否接近国际的管理水平，决定了在该地区生产的产品是否有可靠的、有效的渠道销售到国外市场，决定了当地的居民和政府对外资的接受程度，决定了是否能较快地、有效地引进外国的先进技术和设备。这些因素都从不同程度上影响着外商是否向这一地区投资的抉择。开放程度这个变量综合地衡量了这些因素的作用，开放水平的提高将会增强该地区对外资的吸引力。然而，由于东道国各地区地理条件、历史背景以及文化传统迥异，更重要的是由于市场结构和政策倾斜，使得东道国的不同地区在开放程度上有明显的差异，这种差异对外商选择投资地点有相当大的影响。如美国安利公司（生产、直销化妆、洗涤用品为主）在20世纪90年代进入中国时，看重的是中国改革开放以来经济迅速发展、人民生活水平提高、市场前景广阔这样的有利时机，首先选择了相对较富庶的长江三角洲的上海、珠江三角洲的广州进行投资，其次逐步延伸到中国东部的主要城市。总而言之，跨国公司对外投资的战略取向包括了成本取向、市场取向、利润取向等多种因素。

（2）以地理、文化或历史联系作为区位选择主要依据的FDI。世界地区是另一类外资集中区，由于历史上相邻两国或两地区的交往与了解，所以投资者掌握的信息较多而增加了投资信心。如加拿大投资者趋向在美加边境地的五大湖地区投资，日本在美国的投资更集中于太平洋沿岸各洲。墨西哥政府在北部沿墨美边界建立了“制造业加工区”，吸引了众多的美国制造公司在此投资。中国设置边境开放城市，如满洲里、绥芬河、瑞丽、凭祥的出发点也正在于此。

语言和文化习惯的相同或相近，有助于信息的沟通、情感的交流；了解当地的习俗、法律，也有利于避免劳资冲突。密切的社会和个人亲属关系等也是投资者看重的非经济因素。如日本一向与夏威夷有着特殊联系，这种特殊的社会联系促进了日本在夏威夷的投资。海外华人在投资区位选择时，在很大程度上也考虑了存在的社会关系，这是广东、福建吸引海外华人投资最多的因素之一，如霍英东、李嘉诚等都非常重视对原籍地区的投资。英国的海外投资中，原殖民地如澳大利亚、印度所占的比例特别高，西班牙和葡萄牙投资者则倾向于投资拉丁美洲。总之，社会联系密切的地区往往是外资首选地。

美国、西欧国家以及日本等国的对外直接投资通常选择那些地理位置接近或历史文化传统相关的国家或地区。因此，北美的对外投资强度在北美和拉美地区为最高，欧洲则是以欧洲、非洲及南亚为投资的集中地，东亚的FDI输出主要分布在东亚以及与之相邻的东南亚和太平洋地区。

对于像中国这样一个正处于转型时期的发展中大国来说，在对外开放和向市场经济转轨的初期阶段，面对外部的不确定性和高额的信息成本，为减少投资风险，外商投资往往比较看重地理区位、文化联系和政府优惠政策。正因为如此，自改革开放以来，外商在华直接投资绝大部分都集中在东部沿海地区。显然，外商在华直接投资的这种区位格局，与沿海地区的区位条件、经济文化联系以及国家实施的由东向西逐步推进的对外开放政策密切相关。这种地区逐步开放政策对投资双方意味着学习效果和知识的不断积累，在一个转型经济中，由于各种规则和成熟的市场经济国家不同，这种经验的积累对外商直接投资的区位选择显得极为重要（Luo，1997）。

（3）以东道国的经营条件作为区位选择主要依据的 FDI。东道国经济发展阶段的不同，意味着厂商经营的条件也各有差异。特别是，生产要素的供给成本、配套生产能力的大小，以及基础设施的建设水平等，都直接影响厂商的单位生产成本或利润率水平。而由于厂商经营目标和经营手段的不同，不同的厂商对经营条件的关注重点或程度也是各不相同的。调查显示，美国投资者与日本企业对东道国经营条件的关注，存在着显著的差异（见表 2-3）。

表 2-3　日美企业 FDI 区位选择的主要因素

	美国	日本
市场规模	*	
劳动力成本	*	
劳动力熟练程度		*
劳资关系	*	*
供应商	*	*
税收及其政策	*	*
对外交通状况		*
市场距离		*

注：* 表示重视的因素。

资料来源：程惠芳. 入世与国际直接投资发展［M］. 上海：世界图书出版公司，2000.

（4）以东道国的自然资源作为区位选择主要依据的 FDI。跨国公司有时是为了获取廉价的或稀缺的自然资源而进入东道国进行投资的。以自然资源为投资目标的 FDI 体系的建立，意味着在东道国建立了一种垂直型分工体系，而垂直型分工体系的利益分配容易引发东道国与母国之间的矛盾与冲突。因此，加强“冲突管理”对资源开发型对外直接投资体系的建立具有重要意义。同时，世界各国的自然资源保护力度不断增大，单纯的资源开发型投资战略面临着越来越小的经济空间。

（5）以东道国政府外资政策及其对外资的态度作为区位选择主要依据的 FDI。尽管国际投资自由化政策占主流地位，但不同国家或地区的引资政策和鼓励措施存在一定的差别，特别是引资的产业政策具有较大的差异，从而形成了 FDI 主体不同的集聚区位。

有研究表明，近 20 年来，作为区位主体的东道国政府，在外资政策上的共同变化趋势是：一方面，外资政策趋于持续放松，放松管制成为当今区域引资政策的主流；另一方面，仍然存在着一定程度的保护主义与市场扭曲性质的引资政策。总之，一国要有效地吸引出口导向型跨国公司直接投资，应该确保促进投资的目标与本国更为广泛的发展和产业战略相一致；有重点地提供一系列的激励机制以鼓励跨国公司投资本国的战略产业；在发展和升级人力资源的过程中发挥外国子公司的作用；发展高质量的基础设施，例如建立出口加工区等；为国内企业和供应商以及集群发展提供有针对性的支持。

上述分析表明，虽然 FDI 的区位选择具有复杂性的特征，但投资主体通常主要是考察若干关键变量。这种关键区位变量既因投资主体的不同有所差异，也因经济发展阶段的差异而相互区别。有些学者还指出间接的环境因素如政治、文化以及地理等因素，很多场合下也会成为厂商决策的关键变量或厂商的直接环境因素。造成这种状况的主要原因在于 FDI 作为一种跨国经营行为，当某些环境因素没有明显的国别差异的时候，另一些因素，即使是所谓的间接环境因素，也会上升为决定性因素而受到厂商的特别关注，成为厂商决策的关键性区位变量。

当然，落实到具体的投资地点，投资区位决策者也许因为最佳利润区位没有他所喜欢的娱乐设施和交际场所，如高尔夫球场、夜总会等，可能转而选择既有可能接近最佳利润区位又能满足自己行为偏好的区位。因此，东道国政府可以通过改善区位的投资环境，包括交通、通信、电力设施、商业娱乐服务、增加区位补助金和调整税收政策等，吸收、诱导投资决策者进行投资。

另外，外商投资区位也会随时间延续发生变化。如美国的外资在 20 世纪 70 年代后开始由集中在东北部传统工业区转向西部、南部阳光地带分散迁移，中国、越南、菲律宾等发展中国家也出现了类似的投资扩散趋势。

2.2　FDI 理论中的区位选择及其因素分析

外商直接投资理论是在 20 世纪 60 年代以后发展起来的，半个世纪以来，经济学家从不同角度解释了跨国公司的对外直接投资，也提出了许多有关国际投资的理论。有代表性的理论包括海默（Hymer）的垄断优势理论，弗农（Vernon）的产品生命周期理论，凯夫（Caves）、巴克利（Buckley）、卡森（Casson）等的内部化理论，亨纳特（Hennart）的交易成本理论，尼克伯格（Knickerbocker）的寡头垄断理论，小岛清（Kojima）的边际产业理论，约翰森（Johanson）等的公司国际化过程模型，以及邓宁（Dunning）的国际生产折衷理论。这些理论主要着眼于解释为什么跨国公司要对外直接投资，大部分国际投资理论并不特别重视投资的区位选择问题，至于区位选择的变迁问题则更少涉及。从理论上讲，在很大程度上区位选择的决定因素同时也是区位选择变迁的决定因素，因此，有必要对 FDI 理论中的区位选择问题进行分析。在外商直接投资理论中，邓宁（Dunning，1973，1977，1988，1998）、弗农（Vernon，1974）、帕里（Parry，1975）等都曾比较深入地探讨了国际投资区位问题。

2.2.1　古典区位理论的启示

2.2.1.1　成本最小化

以杜能（1826）和韦伯（1909）为代表的古典区位理论，把成本最小化作为区位选择的标准。根据克利克曼和伍德（1988）的研究，成本最小化仍然是外商投资区位选择的重要标准。在成本研究方面，除了传统的生产和运输成本外，近年来的重要进展就是将交易成本理论引入外商投资区位分析中。如威廉森（1985）认为，商品交换中较高的交易成本将促进外商直接投资的发生；凯夫（1971）发现，在寻找原材料和服务、搜寻商品市场、雇佣劳动力、谈判合同等成本高时，外商直接投资将趋向于交易成本低的地区。信息成本的高低对外商投资区位选择也有着重要的影响（Mariotti 和 Piscitello，1995）。当国内生产成本加出口费用大于海外投资东道国的生产成本和出口费用时，为了保障预期收益和更高的投资回报率，企业就会选择海外投资。

成本最小化理论所表达的生产成本极小化的思路对跨国公司的区位选择有着重要的影响。这种影响表现在两个层次上：一是跨国公司在全球范围内的区位选择，各国各地区的劳动力成本和技能不同，运输和通信成本不同，相关或辅助性产业发展水平也不同，这些差异对跨国公司的区位分布和选择有重要影响；二是跨国公司在某一国家或地区内部的选址，成本因素也是一个重要的考虑因素。

2.2.1.2　市场最大化

外商投资区位选择所考虑的另一个重要因素就是市场的潜力及其大小。关于市场因素的重要作用，早在克里斯塔勒（1935）和廖什（1938）的著作中就得到了特别强调，并由此形成了市场学派。近年来兴起的外商投资区位研究，继承和发扬了这一传统，十分强调市场接近性、市场规模及其增长潜力对外商投资区位的影响。接近市场意味着可以降低运输成本以及相关的市场搜寻成本，招聘到合适的熟练工人和经营管理人员，听取和反馈消费者的意见。较大的市场规模和快速增长的市场潜力，对外商直接投资也具有较大吸引力。弗里德曼等（1992）发现，接近市场对外商在美国的投资区位决策有着重要的正向影响。同样，一些具有较好市场邻接性的欧洲国家，也从美国吸引了较多的外商直接投资（Devereux 和 Griffith，1998）。在中国，接近市场的程度也部分解释了外商在华直接投资的城际差异（Gong，1995）。

实证研究中最常用来衡量市场潜力的是国内生产总值（GDP），还包括人均收入或人均 GDP、经济增长率、市场通达性等。如 Gong（1995）、Hou 和 Zhang（2001）等发现中国的外资聚集在市场通达性较好的区位；Qu、Green（1997）和 Wei（1999）等发现快速的经济增长率有利于吸引外资；而 GDP 更是在众多研究中被确认为显著的影响因素（Broadman 和 Sun，1997；Chen，1996；鲁明泓，1997；Coughlin 和 Segev，2000；Cheng、Kwan，2000；Sun 等，2002）。鲁明泓等（1997）还发现一个区域的市场化程度影响外资的流入。

市场最大化理论所表达出来的接近市场和满足消费者需求的思想与市场寻求型跨国公司的区位选择行为十分吻合。市场最大化理论在分析区位时所考虑的关税、风险、自然资源、政策措施等因素，也都是跨国公司在接近市场过程中所要考虑的问题。

2.2.2　产品生命周期理论中的区位选择阶段

产品生命周期理论是美国哈佛大学跨国公司研究中心教授弗农

（R. Vernon）20 世纪 60 年代中期提出的。弗农将产品生命周期分为创新、成熟和标准化三个阶段，认为产品生命周期是产品市场运动的普遍现象，企业的对外直接投资是企业在产品周期运动中，对生产条件和竞争条件的变化而做出的决策。弗农从产品生命周期不同阶段美国企业海外生产活动的空间策略入手，解释了美国、其他发达国家以及发展中国家间贸易结构的变化规律。图 2-3 为威尔斯（L. T. Wells）结合美国的经验，将弗农的产品生命周期理论予以图式化的结果。

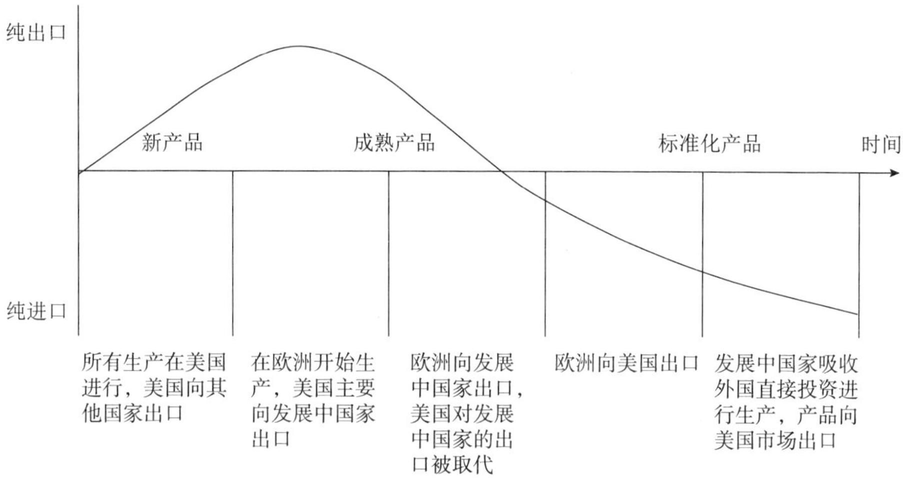

图 2-3 产品生命周期及其对美国的生产区位和贸易的影响

资料来源：Wells L. T. The Product Life Cycle and International Trade. Harvard Business School, 1972.

产品生命周期的第一阶段是新产品阶段，考虑到新产品的需求特征（为数较多的高收益消费者层的存在、高度产品差异化导致的低价格弹性等市场特点）以及外部经济的重要性（与顾客接触的灵活性和迅速性），新产品的生产区位选择在市场附近。由于美国国内劳动力成本高而资本相对丰富等原因，美国成为劳动节约型新产品的创新国，生产区位局限于美国。

在产品生命周期的第二阶段——成熟阶段，产品逐渐标准化，新产品被其他发达国家所接受，市场规模趋于扩大，国内外企业之间成本竞争加剧，竞争优势逐渐转向规模经济。出口对象国政府面对美国商品的大量出口，采取进口限制等贸易保护政策。为确保市场，美国企业进入这些发达国家，即出现了市场准入型对外投资行为。国内外产品生产成本的差异，对海外生产将产生重要影响。

产品生命周期的第三个阶段是产品标准化阶段，产品的生产技术、规格及式样等都已完全标准化，进入批量生产阶段，接近市场或享受外部经济变得不太重要。美国作为创新国的垄断地位已不复存在，企业之间的竞争基础转向价格和成本。这时，对生产者的劳动技能要求不高，企业关心的是低成本的生产区位，于是劳动力成本较低的发展中国家成为跨国公司的最佳生产区位。发展中国家成为此类产品的出口基地，所生产的产品返销国内，或销往其他国家。由于发展中国家远离主要市场和缺乏外部经济，因此发展中国家的生产通常只限定在标准化产品。

弗农认为新产品的开发、研制应完全限于母国的母公司内部，而所有海外子公司的经营完全实行分权化。在《经济活动区位》一文中，弗农（1974）还详细探讨了创新导向寡头（Innovation-based Oligopolies）、成熟期寡头（Mature Oligopolies）和衰老期寡头（Senescent Oligopolies）经济活动的国际区位问题。

弗农把贸易理论、产品周期和工业区位结合在一起进行分析，为产品生命周期这一原本不具备空间含义的概念赋予了区位维度。作为一种投资理论，产品生命周期理论表明：对外直接投资首先取决于投资国具有某些特定的优势（弗农将这些优势简化为技术领先的优势），其次取决于接受国的某种优势，即区位优势。对外直接投资的过程就是将这两组要素结合起来的过程，通过跨国公司这种载体将投资国和接受国的优势同时扩大。

此外，帕里（1975）在他的博士论文中，也系统地探讨了跨国制造业企业的国际生产区位问题。巴特尔和高歇尔（Bartlett C. 和 S. Ghoshal）提出了产品创新—接近市场—通过竞争降低成本的跨国投资模式，进一步完善了产品生命周期理论。

库姆勒尔（Kuemmerle）分析了跨国公司在国际投资和经营中其 R&D 国际化的驱动力来自增加公司现有知识存量或利用这一存量。这些学者的研究验证了发达国家跨国公司的产品、技术、核心能力在国际间转移的特征，对于生产管理当地化战略、产品差异与本土化改造、在东道国建立研发基地等从理论上进行了归纳。

2.2.3 边际产业理论中的产业区位比较优势

日本学者小岛清（Kojima）的边际产业理论属于国际直接投资的宏观解释。小岛清（1978，1982）认为，以前对外投资理论都是以美国的对外投资为研究对象，偏重于从企业的垄断优势去解释，而他从日本“贸易导向”的产业政策角度对日本的对外直接投资进行了分析。日本对外直接投资集中在日本国内已经失去比较优势，但在东道国拥有比较优势的产业，即对日本而言是“边际产业”，因而日本的对外投资属于“贸易创造型”投资；美国的对外直接投资集中在投资者具有垄断优势的产业，主要看重东道国的市场，因而属于“贸易替代型”投资。小岛清实际上认为对外直接投资是有效的中间产品贸易渠道，利用母国的比较优势生产中间产品，而在其增值生产活动中处于劣势的公司应该对外直接投资；相反，在东道国的子公司应该进口这些中间产品，发挥东道国的比较优势生产最终产品，然后出口到日本或第三国市场。小岛清理论的基本含义在于：一个国家的某些产业在本国已经或即将失去发展空间（即处于或即将处于劣势地位），成为该国的“边际产业”，而同一产业在另一些国家可能正处于优势地位或潜在的优势地位，这样一国就应从本国已经处于或即将处于劣势地位的边际产业开始依次进行海外直接投资。小岛清边际产业论实际上是新古典要素禀赋理论在中间产品贸易中的运用（Dunning，1993），这种国际直接投资的区位选择决定于区位的产业比较优势，如廉价劳动力或自然资源等。

小岛清的边际产业理论可以进一步扩展，解释亚洲其他国家或地区的直接投资，如韩国、中国香港、中国台湾以及东南亚国家的对外直接投资（见图 2-4）。大部分亚洲经济的对外直接投资属于劳动密集的出口导向型，这些对外直接投资是公司所在国或地区“投资推力”与东道国或地区的“投资拉力”相互作用的结果。公司所在国或地区的生产成本和劳动力成本上升、产业结构升级、货币升值、传统产业尤其是劳动密集型产业丧失国际竞争力等经济环境变化构成了“投资推力”。其他欠发达经济国家如中国、印度、越南等大量廉价的资源和劳动力、庞大的市场、倾向自由化的经济政策和外资优惠政策等是这种投资的强大拉力。东道国的资源禀赋和产业比较优势决定了来自亚洲发达国家或地区的直接投资的空间区位选择。

小岛清的投资理论是新古典贸易理论在国际直接投资领域的拓展，新古典贸易理论的局限性是其不足之处。目前，主要的国际直接投资实际上发生在具有相似要素禀赋的发达国家之间。在经济全球化的今天，传统生产要素如人口、自然资源等的区位选择中的重要性逐渐降低，而内部与外部规模经济日趋重要（Dunning，1998）。

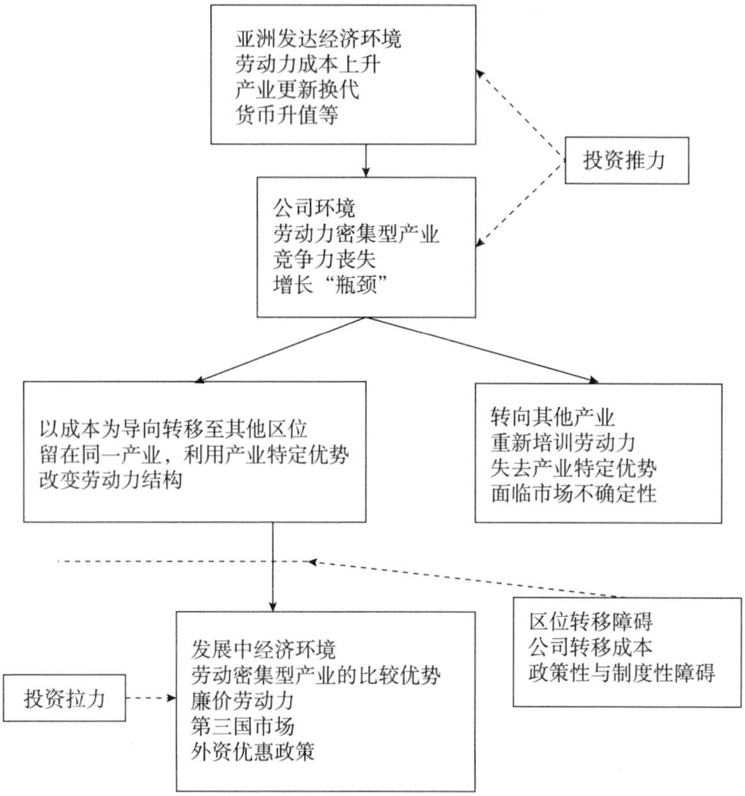

图 2-4　亚洲发达经济对外直接投资模型

2.2.4　国际生产折衷理论中的区位优势分析

邓宁的国际生产折衷理论主要强调所有权优势（Ownership Advantages）、内部化优势（Internalization Advantages）和区位优势（Location Advantages），所以又称为 OIL 优势理论。理论的核心是跨国公司只有在同时具备这三个优势的前提下，国际直接投资才会发生。当企业发展到一定程度，具备了所有权优势、内部化优势以后，国内市场规模受到限制，就必须利用区位优势通过对外投资来扩大市场和经济规模。所有权优势指企业因有某种独有的、国外企业无法获得的资产，使该企业在生产技术、规模经济、组织管理等方面具有优势，这是进行国际投资的必要条件；内部化优势是指由于市场交易存在竞争壁垒、定价困难、信息不对称等因素造成中间产品和最终产品的不完全竞争，为确保企业所有权的优势，通过内部化转移所获得的利益要大于交易市场所得，所以企业宁可选择对外投资。区位优势说明了投资地点选择要受到生产要素和市场的地理分布、生产要素和运输成本、投资环境等诸多因素的影响。邓宁三要素的核心说明：企业进行海外投资，所有权优势是基础，内部化是实现这种优势的载体，区位优势是实现前两个优势的充分条件，三个优势的充分发挥与互相作用，可以使企业的跨国投资产生最大的整体效益。

在 OIL 模型中，邓宁（1977）把区位优势看成是国际投资在何处发生的关键因素。在《国际生产的决定》一文中，邓宁（1973）把区位因素归为四类：①市场因素，包括市场规模、市场增长、同顾客密切联系的程度、现有市场布局；②贸易壁垒，包括贸易壁垒程度（关税高低）、当地顾客喜爱本国产品的程度；③成本因素，包括接近供应来源、劳动力成本、原料成本、运输成本；④投资环境，包括对外国投资的政策法规和政局稳定程度。随后，邓宁（1988）把区位特征变量进一步归纳为：自然和人造资源禀赋及市场的空间分布；劳动力、能源、原材料、零部件、半成品等投入的价格、质量和生产率；国际交通和通信成本；投资刺激和投资障碍；对货物贸易的人为障碍，如进口控制等；商业、法律、教育、交通和通信等基础设施条件；心理距离，如语言、文化、习惯等的差异；R&D、生产和销售的集中化经济；经济体制、政府政策以及资源配置的制度框架。

跨国公司的对外直接投资动机因公司不同而异。邓宁（1993）将主要的投资动机归纳为四种：资源寻求型（Resource-seekers）、市场寻求型（Market-seekers）、效率寻求型（Efficiency-seekers）、战略资产寻求型（Strategic Asset-seekers）。跨国公司的投资动机不同，所重视的区位因素也不同，因而会产生不同的区位行为和区位模式。

在综述了许多研究成果的基础上，联合国贸发会议（UNCTAD）提出了一个影响跨国公司对外直接投资的区位因素的分析框架，将影响直接投资区位选择的东道国因素归纳为三大类：FDI 的政策框架（Policy Framework for FDI）、经济决定因素（Economic Determinants）和商业便利措施（Business Facilitation）（见图 2-5）。其中的经济决定因素因跨国公司的投资动机不同而异，如市场寻求型投资重视市场规模、人均收入、市场增长、市场准入、东道国消费者偏好以及市场结构等；资源和资产寻求型投资强调原材料、廉价劳动力、熟练工人、技术创新能力、基础设施条件等；效率寻求型投资则更看重获得资源和资产的成本、运输和通信成本、参与区域一体化的现状与前景等。这个综合性框架可以为跨国公司对外直接投资的区位研究提供理论依据。

东道国决定因素
Ⅰ. FDI的政策框架 ●经济、政治和社会稳定 ●关于进入和经营的规则 ●市场结构和运行的政策（特别是竞争和并购政策） ●关于FDI的国际协定 ●私有化政策 ●贸易政策（关税和非关税壁垒）以及FDI政策和贸易政策的相关性 ●税收政策 Ⅱ. 经济决定因素 Ⅲ. 商业便利措施 ●投资促进（包括形象建设、投资引致活动、投资便利服务） ●投资鼓励 ●相关交易成本（如腐败、行政效率等） ●社会福利（双语学校、生活质量等） ●投资后服务

按跨国公司动机分类的FDI类型	东道国的主要经济决定因素
A. 寻求市场	●市场规模和人均收入 ●市场增长 ●区域性和全球性市场准入 ●一国特定的消费者偏好 ●市场结构
B. 寻求资源和资产	●原材料 ●廉价的非熟练劳动力 ●熟练劳动力 ●包括内含于个人、企业和群体之中的技术、革新和其他创造资产（如商标名称） ●基础设施（港口、公路、电力、通信）
C. 寻求效率	●经劳动生产率调整后的B中所列资源和资产的成本 ●其他投入物的成本（如至/自东道国或东道国国内的运输和通信成本、其他中间产品的成本） ●有利于建立区域性公司网络的参与区域一体化的现状与前景

图 2-5　FDI 的东道国决定因素

资料来源：联合国贸发会议跨国公司与投资司. 1998 年世界投资报告：趋势与决定因素［M］. 冼国明，张岩贵总译校. 北京：中国财政经济出版社，1999.

近年来，随着信息技术对经济发展影响作用的逐步增大，理论界进一步将 FDI 区位选择与信息成本的降低结合起来加以研究。例如，Radner（1992）和 Gasson（1994）等认为，FDI 投资主体的区位选择实际上是厂商为降低信息成本而做出的一种理性选择。FDI 不同于国内投资的一个重要方面在于，由于投资主体对东道国的投资环境及其社会经济文化特征缺乏足够的了解，因而海外投资与国内本土投资在信息成本的负担上是不对称的。因而降低信息成本就成为厂商提高开展海外直接投资有效性的重要基础之一。按照信息成本理论，厂商之所以对 FDI 区位选择主要集中于具有信息优势的东道国，以及东道国的中心城市或边境城市地区，是因为这些地区通常信息流转速度快，对市场反应及时。这类研究虽然集中于东道国内部区位的选择，但对 FDI 的国别区位选择同样具有应用或启发价值。

2.3　FDI 区位选择理论中的动态分析

FDI 的区位选择是一个复杂的问题，涉及的影响因素或变量众多。如果我们将影响区位选择的各种变量列举出来，可能是一个很长的清单，而在多种复杂的环境因素中，有些是可以预见的静态因素，有些则是变动着的不可预见因素。这主要依据行业特性的不同而有所差别，如包装业与销售业所面临的环境因素在性质上就存在着很大的差异。同样静态的可预见因素或动态的不可预见环境，也会因行业的不同而有所变化，如家用器具制造业的环境因素虽然具有静态特征，但较之于包装业要复杂得多；而电子或软件开发业的动态环境则比销售业更为复杂，所需要的专业知识更多。FDI 区位选择涉及东道国的自然、地理、经济、政府政策以及社会文化等多重因素的影响，因此，区位选择过程本质上是各种因素综合作用“合力”所产生的结果，并且这些因素综合作用的方式与程度因产业的不同而不同。

同时，区位投资环境也是一个变化的系统。这种变化在通常条件下具有一定的规律性或可预见性，但同时存在着诸多不确定因素的影响，使得区位优势变动的不确定性增大。这是因为区位优势的变动部分地取决于区位内部资源开发的程度，取决于开放系统的区位之间的交互作用，且 FDI 的流出流入同样会导致区位功能及其优势的性质、结构发生相应的变化。这决定了 FDI 区位选择是一个动态过程。适应区位功能与优势变动方向，调整 FDI 结构与生产方式是保障投资收益稳定性的基础条件之一。

2.3.1　产品生命周期理论中的动态含义

按照弗农早期的观点，新产品、新技术的扩散，将从最初生产该产品的发达国家，依次向其他发达国家、新兴工业化国家、发展中国家和其他国家转移（Vernon，1966）。很明显，随着新产品、新技术的扩散，跨国公司的国际生产区位也将逐步发生转移。

弗农把贸易理论、产品周期和工业区位结合在一起进行分析，他为产品生命周期这一原本不具备空间含义的概念赋予了区位维度，从而动态地解释了企业间竞争条件的变化、对外直接投资的动机、生产从美国向其他发达国家进而向发展中国家扩散以及伴随其过程所产生的贸易结构的演进规律。弗农的产品生产周期理论不仅仅局限于对跨国公司的微观分析，还考虑了各国的投资收益、消费水平、劳动力成本等宏观因素，并将它们作为重要的区位条件加以分析，进而从产业区位的角度很好地解释了跨国公司产品生产和对外投资的区位转移过程。

该理论的区位动态含义是：不论是投资国的技术优势，还是接受国的区位优势都是一个动态的概念，这种优势的动态变化是以梯度转移形式表达出来的。从投资国角度看，垄断优势是领先的技术，这些领先的技术首先为美国所掌握，最后当它们不再“领先”时，为发展中国家所掌握；从接受国角度看，区位优势是劳动力成本，其必要条件是能够掌握技术生产这种产品，当然市场也是十分重要的因素之一。其梯度转移的顺序首先是其他发达国家，然后是发展中国家。为什么这种转移呈梯度态势？一般来说，技术财富是属于创新国公司的，在进行国际直接投资时，它们虽容易转移到其他国家，但创新国公司的技术需要一个类似母公司的环境。这里的环境包括人力资源、基础设施、技术水平、消费能力、市场信息等。因而，这种转移只能是逐步的、分阶段的。

2.3.2 国际投资阶段理论及其动态化

邓宁于20世纪70年代末提出了国际生产折衷理论，解释国际直接投资的一般理论，并直接沿用了区位理论。20世纪80年代，邓宁（1988）研究了67个国家1967~1978年直接投资与经济水平之间的关系，将其国际生产折衷理论进行了动态化发展，也分析了区位因素的动态变化。

邓宁的国际投资阶段论认为，一个国家的发展水平与该国的对外投资情况密切相关。邓宁把一国经济发展的历程分为四个阶段，并具体考察了每一阶段的经济结构与跨国直接投资水平之间的关系。其后，邓宁本人及其他学者对该理论进行了数次补充和修正，例如邓宁的学生Rajneesh Narula（1996）在邓宁四阶段论的基础上引入国际直接投资的第五阶段，把该理论向前推进了一步。这些理论可以统称为邓宁的投资阶段论①。该理论对国际投资发展阶段的划分情况大致如下：

第一阶段，一国人均 GNP 不足 400 美元。因为经济发展落后，国内企业既没有对外投资需要的所有权优势、内部化优势，也没有区位优势，所以，本国没有对外直接投资，也很少接受国际直接投资，净对外投资为零或负数。在该阶段本国企业几乎没有所有权优势，也没有内部化优势，更无法利用外国的区位优势，无力吸引外资。

第二阶段，人均 GNP 为 400~2000 美元。随着 GNP 的提高，这类国家的区位优势增强，吸引国际投资的能力增加。国内企业开始逐步形成创新资产的良性循环，对外投资少量出现。总体上，国内吸收直接外资的数量增加，但对外直接投资仍然为零或很少，净对外投资额依然是负数。该阶段初期，本国的企业开始有一定的所有权优势和内部化优势，并且小规模地利用外国的区位优势进行对外直接投资。

第三阶段，人均 GNP 为 2000~5000 美元。在该阶段，国内企业的技术能力大幅提升，国内市场也变得更加成熟。随着技术模仿和创新能力逐步提高，国内企业开始在一些技术含量较低的产业与国外厂商竞争，并形成自己的所有权优势，对外投资的数量逐步增加，资本流出逐渐快于资本流入。

第四阶段，人均 GNP 为 5000 美元以上。本国企业开始具备强大的所有权优势和内部化优势（区位优势迅速下降），对外投资的力度进一步加强。同期，本国接受的投资主要来自其他处于相同阶段的国家，并大多属于连续性、合理化和效率寻求型投资。处于该阶段的国家是国际对外投资主要的供给者；与此同时，本国的区位优势逐步减弱，甚至在某些方面变为区位劣势，但仍能吸引较多的外资。

第五阶段，人均 GNP 超过 10000 美元。净对外直接投资由前一阶段的急速上升转为下降，最终围绕零水平上下波动。此时，无论是本国的对外直接投资还是接受国外的投资，绝对数量还都会继续增加。全球化进程的加快使跨国公司全球一体化生产的能力有了更大进展，公司的国界变得越来越模糊。这样，随着发达国家区位资产结构的趋同，各国的跨国直接投资变得越来越平衡。

根据该理论，一个国家或地区的区位优势随经济发展水平变动的轨迹

① 除理论探讨外，邓宁还对 76 个国家在 1967~1975 年对外直接投资和国民经济发展阶段之间的联系做过实证研究，具体结果可以参考朱刚体（1988）的转述。

是：开始没有区位优势，然后逐渐出现并加强，最后区位优势减弱或丧失。该理论也根据一国的经济情况决定是否进行对外投资、进行怎样的投资以及是否可以被其他国家所投资。邓宁在吸收以往理论研究的基础上进行了总结和提高，进而提出了投资发展周期论，扩大了理论的解释范围。

从国际投资的实践看，发达国家和发展中国家国际投资发展的轨迹基本符合这样的趋势。不同发展阶段会有不同的变化，各国在经济发展不同阶段的国际投资态势会不同，即时间轴的变化。除了时间轴上的纵向变动，不同的国家和地区，由于所处经济发展阶段各异，在同一时间段，国际投资态势也各有不同，说明了外商直接投资的动态过程。

2.3.3 国家竞争优势理论中的区位动态分析

迈克尔·波特将经济发展过程的要素特征与竞争优势结合起来，即无论各国经济的差异性如何，竞争性经济发展都依靠资源要素驱动、投资驱动、创新驱动和财富驱动四阶段渐次递进，每一个特定竞争发展阶段都与特定的出口竞争模式相配合。他的《国家竞争优势》一书及其理论是率领30多个国家研究者组成大调查组，用了四年时间对丹麦、德国、意大利、日本、韩国、新加坡、瑞典、瑞士、英国和美国10个重要贸易国的100个行业进行调查研究的成果①。

在国际经济和竞争中，为什么有的国家成功、有的国家失败？波特认为，一个国家的竞争性不一定在于整个国民经济，而主要是看该国有无一些独特的产业或产业群。也就好似说国家竞争优势通常寓于某些独特的产业部门，即所谓的竞争优势，对于一个区域也是如此。波特的国家竞争优势主要取决于“钻石体系”（National Diamond）系统中的诸因素。他认为，影响一国的关键因素是要素条件、需求条件、相关支撑产业以及企业战略、组织与竞争。这四个方面相互促进、相互制约，就形成了“钻石体系”模型。

实际上，波特提出的每一发展阶段都与一定的优势相联系。例如资源要素驱动阶段一般拥有自然资源要素为基础的优势，处于投资驱动阶段的国家与规模优势相关，而处于创新阶段的国家则拥有研究与开发方面的优势。可以看出，经济增长和变迁是不断变化着的动态比较优势。因此，只要处于各个发展阶段的国家都理性地追求非跳跃性的发达之路，它们的

① 迈克尔·波特：国家竞争优势［M］. 北京：华夏出版社，2002.

FDI 模式就会只对应一种与其经济结构变动相应的资本有序流动。一般地，要素（资源与劳动）驱动阶段的国家吸引的都是属于资源寻求型或劳动力需求性的 FDI，当该国或区域处于劳动驱动型阶段向投资驱动阶段过渡时，主要在资本品和中间产品业中吸收 FDI，同时，劳动密集的制造品产业，就会向劳动力成本低廉的国家或地区进行投资；当从投资驱动阶段向创新驱动阶段过渡时，将会在技术密集型产业领域吸引 FDI，同时，在中间产品产业中发生对外直接投资。

2.3.4　动态比较优势投资理论的区位分析和区位变迁

日本经济学家小泽辉智（Ozawa）提出了一套新的国际投资阶段理论，即动态比较优势投资理论。该理论试图把跨国公司对经济增长的推动力作用与开放经济发展理论结合到一起。他认为各国经济发展水平具有阶梯形的等级结构，这种阶梯等级结构为发达国家创造了转移知识和技术的机会，为发展中国家和欠发达国家提供了赶超机会，小泽辉智就此提出了跨国投资的模式选择问题，这种选择应能够激发出国家现有的和潜在的比较优势来，并达到最大程度。因此，发展中国家的跨国投资模式必须与工业化战略结合起来，将经济发展、比较优势和跨国直接投资作为互相作用的三种因素结合起来分析。

按照这个理论，发展中国家经济的发展要从吸引外资中提高本国的比较优势并不断增强自身的比较优势，从而提高经济的竞争力。他认为提高经济竞争力的动机是发展中国家从纯粹吸引外资转变成向海外投资的国家的基本原因，并把这种转换过程分为四个阶段，第一阶段是吸引外商直接投资；第二阶段是外资流入并向海外投资转型阶段；第三阶段是从劳动力导向的对外投资贸易支持型向技术支持型的对外投资过渡；第四阶段是资本密集型的资金流入和资本导向型对外投资交叉发展阶段。

该理论是把相关的论点和分析模式纳入一个综合的框架之中，以便论证那些尚处于工业化阶段的国家中 FDI 经营活动与经济发展之间的内在关系。各国经济发展水平之间存在着科层结构，各国经济位次的更替是相对落后的国家和区域赶超相对发达国家的过程，客观存在的以经济发展阶段和国民财富为标志的层次等级。这种科层的判别对各国经济都非常重要，它既为欠发达地区提供了赶超的机会，又为发达国家和区域创造了一个转移知识与技术的机会。不仅如此，科层结构还存在外部性。发展中国家和区域只有将其比较优势形态及发展阶段与发达国家相互配合，也就是说，只有发展中国家达到一个结构按相继发生顺序升级的阶段，国与国之间经济层次的外部性才能产生积极的作用。

FDI 的变迁是由资源、物质资本和人力资源禀赋程度变化而引起并确定的①。国家或区域的经济增长不仅是通过结构升级来实现，并且这一过程又随着物质和人力资本的积累而发生。人均 GDP 越高，人均的物质和人力资本储备相对于自然资源和劳动力就越多。以发展阶段为基础的 FDI 区域选择变迁的时间跨度，一方面取决于一个区域的比较优势的动态变化；另一方面又与特定产业的情况有关。对此，小泽辉智认为，对于一个以出口导向为基础的开放型经济而言，发展的关键在于 FDI 模式的选择能够激发国家现有的和潜在的比较优势，并使之最大化。为此，发展中国家的国际直接投资模式的选择必须与该国工业化战略结合起来，以推行有利于贸易发展的国际直接投资和实行外向、出口导向（OL-EO）战略。因此，通过将经济发展、比较优势和国际直接投资作为相互作用的三种要素进行综合分析，可以清楚地看到国际直接投资的“拉”（Pull）和“推”（Push）的力量始终交叉或更替出现在一个国家的工业化全过程。不断增强本国和本区域的比较优势并保持经济竞争力是 FDI 区域选择变迁的基本原因。

小泽辉智的理论优点在于不仅强调了发展中国家在不同发展阶段以不同模式参与跨国投资的必要性，而且还提出了选择原则和实现的步骤，即要以比较优势的动态变化为基础，以出口导向为条件，这是其对国际直接投资理论的一大贡献，进一步丰富了国际直接投资理论。

从以上的理论可以看出，外商直接投资是一个动态的发展过程。任何国家的区位优势及其比较优势都不是永远不变的，而是随着时间和条件的变化发生转移。随着经济的发展，发展中国家的要素禀赋情况将会发生变化，资本和技术这两种生产要素由于不断积累而变得丰富，这时国家的比较优势就逐步转移到资本和技术密集型的生产上。相应地，当一国的比较优势发生变动后，产业结构和投资结构也将发生变化。

---

① 桑百川. 外商直接投资下的经济制度变迁［M］. 北京：对外经济贸易大学出版社，2000.

第❸章 FDI 区位转移的模式分析

究竟是什么力量引致了 FDI 的区位转移呢？在这里可以借鉴空间经济学的两个概念即向心力和离心力——聚集力和扩散力予以分析。正是这两种力量的共同作用推动着 FDI 在不同区位之间进行转移。

3.1 引起 FDI 区位转移的聚集力与扩散力

3.1.1 市场接近性所带来的聚集力

引起 FDI 区位转移的因素包括市场接近性所带来的聚集力和市场竞争所带来的扩散力，这两种力相互斗争，相互消长。聚集力是引起 FDI 区位转移的向心力，具有重要的作用，下面将具体分析。

3.1.1.1 引起外商直接投资区位转移的聚集力

导致外商直接投资区位转移的聚集力有市场容量效应、劳动力市场影响两种，其中市场容量效应又分为两个方面。

(1) 市场容量效应的两个方面。第一个方面是聚集引起的企业迁移的内生力量即市场接近效应（本地市场效应），这是从外商企业内部力量方面来看。由于各地区之间不是对称状态即不平衡，所以各区企业数量在总企业数量中所占份额等方面存在差异，如果存在差异，则将内生存在一种力量促使企业迁移①。

第二个方面是东道国补贴政策导致的本地市场放大效应，这是从东道国区位的内部力量或原因方面来看。越是封闭的区域，对生产活动的补贴政策

① 这种促使企业迁移的内生力量导致的结果是：垄断企业选择市场规模较大的区位进行生产并向规模较小的市场出售其产品。

越多。这种特性的重要性在于，当这种情况存在时，某种政策或冲击起决定作用，这种作用力被称为本地市场放大效应。本地市场放大效应非常实用，可用于不发达国家和地区或我国的西部地区，以便使其尽快富裕起来。

（2）劳动力市场影响方面。劳动力市场影响是指外商投资企业及东道国内部居民的生活成本效应（价格指数效应）。市场接近效应引起需求的增加而使得相对成本降低，居民购买同一种产品相对于其他地区花费减少，这样依次循环成为一种累积效应。这是从外商投资企业导致的对东道国居民生活成本的影响即累积效应来看。

在企业比较集中的地区，由于本地生产的产品种类和数量比较多，从外地输入的产品种类和数量比较少，因此支付较少的运输成本，这使得该地区商品价格较低，消费者支付较低的生活成本，因此在名义收入相同的情况下，实际收入水平较高，因而有更多的人进行消费，从而进一步促使企业的空间聚集。

综上所述，市场容量效应的两个方面（市场接近效应和本地市场放大效应）以及劳动力市场影响是引起外商直接投资区位转移的聚集力。

3.1.1.2　集聚经济及其集聚原因

上述引起外商直接投资区位转移的聚集力将导致要素的流动，从而产生外商直接投资的集聚。由于外商直接投资在空间上的集中而产生了额外的经济利益，因此，这一经济利益也称为集聚经济。集聚经济是吸引外商直接投资向某一地区靠近的“向心力”。

集聚经济有两种类型：地方性经济和城市化经济。地方性经济是指由于集聚后的企业之间彼此距离较近使得行业中某个企业的生产成本随着行业总产量的提高而降低；城市化经济是指当单个企业的生产成本随着城市地区总产量的上升而下降时，就出现了城市化经济。两种类型的集聚经济是有区别的：城市化经济源于整个城市经济的规模，而不是某个行业的规模；城市化经济为整个城市中的企业带来利益，而非只针对某一行业中的企业。

一般来讲，形成经济集聚主要有三方面的原因：垄断竞争下的规模收益递增（Increasing Returns under Monopolistic Competition）①、完全竞争下

① 值得注意的是，克鲁格曼（1991）也将区位问题纳入非完全竞争市场的一般均衡分析框架中。他认为内部规模经济与交通成本的相互作用促进产业的空间集中。规模经济的存在鼓励公司只选择少量的区位进行生产，而交通成本的存在则促使公司选择在市场可达性好的区位进行生产。

的外部性（Externalities under Perfect Competition）以及博弈条件下的空间竞争（Spatial Competition under Strategic Interaction）。

（1）垄断竞争下的规模收益递增。

1）垄断竞争和规模收益递增的引入。新古典模型总是假定任何经济的市场都是一个完全竞争的市场，这也意味着市场中企业的技术服从于规模收益不变。在这样的假定下，经济的长期增长仅仅是外部技术进步的作用，并且，经济活动是在一个均质的空间中进行。所以说，这既无法解释总体呈现的持续增长态势，也无法说明经济活动总是集聚在一个较小区域的事实。因此，有必要突破新古典理论的假定，引入垄断竞争和规模报酬递增。

一般来讲，垄断竞争具有以下特征：①产品是有差异的，每个企业对于自己的产品都有一定的市场力量；②由于企业或产品的数目众多，我们可以忽略企业之间的战略互动；③企业的进入没有限制，进入的过程直到将企业的利润减少到零才会停止。

正是以上这些特征使得垄断竞争模型成为分析总量现象的有用工具，因为垄断竞争可以引入规模报酬递增，所以可以忽略企业间的战略互动；同时，对企业进入与退出过程的分析有助于发现增长和集聚的形成。

规模报酬递增可以定义为：当所有投入等比例增长时，产出将超过该比例增长时的状态。在单一产出的情况下，就显示为递减的平均成本曲线。

规模报酬递增的出现基于以下两个原因：

第一，分工和专业化因素。亚当·斯密（A. Smith）和马歇尔（A. Marshall）都把分工过程和专业化看作是规模报酬递增的主要原因。他们认为，在大规模生产中，由于每个工人只从事一道工序，劳动分工和专业化可以提高劳动生产率。斯密进一步阐释了其中的原因：首先，工人的技能随着重复次数的增加而提高；其次，工人从一道工序转向另一道工序所需的时间减少①。

第二，生产要素的不可分割性。如果投入具有最小的效率规模，那么这个投入对于生产过程来说是不可分割的。如果将不可分割的投入分为两

① 举例来说，在毛料生产中可以分为以下几步，将原毛纺成毛线，将毛线织成粗毛线，将粗毛线加工成成品毛料（通过洗涤、缩绒和印染）。在毛料生产中出现规模经济的一个原因是单个工人可以专门从事某个特定的工序，所以，10 人组成的专业化的工人与 10 人组成的非专业化工人相比，可以生产出更多的产品。

半，两部分的总产出将小于整体投入的产出[①]。

2）垄断竞争下的规模递增具有的特征——垄断竞争和规模报酬递增的互补性。垄断竞争和规模报酬递增的互补性解释为两种现象（两种行动，两种活动）相互之间的强化（松山，1995）。互补性有两个重要特点：首先，由于互补性，导致一个系统可能存在“多重均衡”；其次，社会到底处于哪种均衡取决于该社会的历史和预期。

值得注意的是：①互补性总是出现在垄断竞争模型中；②互补性和规模经济之间的对比：规模经济意味着更大的生产规模会使该组织的单位成本下降，而以互补性方式表现出来的正外部效应则对于其他的经济当事人有好处。从这个意义上讲，互补性可以被认为是社会层次上的规模经济。

（2）完全竞争下的外部性。

外部性的存在是引发经济活动集聚的“向心力”，它包括三种类型的向心力：①由市场容量效应产生的向心力。较多的地方市场使产业间既产生较强的“后向关联”或者“需求关联”，又产生较强的“前向关联”或者“成本关联”。②劳动力市场效应产生的向心力。经济活动将集中到有较多具备专业化技能的劳动力的地方。③外部经济效应产生的向心力。经济活动的集聚孕育了像“知识外溢”或“技术外溢”等外部性，人们由于有面对面接触的机会，因而改善了信息的扩散。

产业在某地域的集中，会使经济环境发生变化，共有这一环境的企业和个人能够得到有形和无形的利益。这些外部经济性包括提供协同创新的环境、共享辅助性基础设施和专业化劳动力市场，促进区域经济健康发展，平衡劳动需求结构和方便顾客等。马歇尔描述了外部性导致经济活动集聚的过程：当一种行业选择了自己的地方时，它会长久设在那里，因此，从事同样的需要技能的行业的人，互相从邻近的地方所得到的利益是很大的……地方性工业因不断地对技能提供市场而得到很大的利益。雇主们往往到他们会找到所需的专门技能的优良工人的地方去；同时，寻找职业的人，自然到有许多雇主需要像他们那样的技能的地方去，因而在那里技能就会有良好的市场（马歇尔，2001）。

外部性有两种类型：技术外部性与货币外部性。技术外部性是指纯粹通过直接影响个人的效用或厂商的生产函数，不是由市场交易所产生的，

---

① 许多的生产活动都具有这样的不可分割性，例如毛纺厂所使用的设施，如纺线机、动力织布机、缩绒机和染缸都不可能有效地缩减，让单个工人使用。

而是一种非市场性的相互作用效应，比如邻居家花园为四周邻居提供了宜人的景色。货币外部性是指生产者彼此之间通过市场所产生的外部性，例如某一工厂增加投资扩大生产规模，产量增加，该产品及相关产品价格下降，消费者受益，同时以此产品或相关产品为原料的生产也因此降低生产成本而受益。

外部性可以归结为三个方面的原因：中间投入品生产的规模经济、劳动力市场的共享、知识外溢（马歇尔，2001）。①中间投入品生产的规模经济。企业集聚出现的重要原因是某些行业的企业从同一个供货商那里购买某种中间投入品。如果满足以下两个条件，企业就会聚集在一个供货商周围：首先，单个企业的投入品的需求量不足以开发出中间投入品生产的规模经济；其次，运输成本相对较高。如果需求者和供货商在中间投入品的设计和制造方面相互影响，就必须进行面对面的交流，因此，需求者在位置上靠近投入品的供货商就显得十分重要。同样，如果中间投入品体积大、易损坏，或者必须迅速地运送，位置上的接近就十分重要。②劳动力市场的共享。企业集聚提高了劳动力市场的效率。③知识外溢。企业集聚还促进了信息的快速交流以及技术的扩散。如果集聚的员工的数量越大，交流思想的机会也就越多。正如马歇尔分析企业集聚的特点时所说的，在这些企业集聚地中，“行业的秘密不再成为秘密，而似乎是公开的……优良的工作受到正确的赏识，机械上以及制造方面和企业一般组织上的发明和改良之成绩，得到迅速的研究，如果一个人有了一种新思想，就为别人所采纳，并与别人的意见结合起来，因此它成为更新的思想之源泉”（马歇尔，2001）。

（3）博弈条件下的寡头垄断的空间竞争。

如果生产有着规模递增的特性，那么，一个有限的经济不仅仅容纳一个有限数量的不完全竞争的厂商。由于消费者按牌价加上运费的价格从厂商那里购买商品，所以，每个厂商仅仅直接与几个相邻的厂商展开竞争，而不是与行业中所有的厂商展开竞争。霍特林（Hotelling）价格竞争模型中所指的空间竞争的性质是寡头垄断的，厂商的任何决策都是相互影响的。霍特林模型表明，市场空间的竞争是一种向心力，将导致卖主在空间上的聚集，这也被称为“最小差异原理”。

厂商的空间竞争模型一般又可分为两种类型：购物模型和运送模型。前者表示由厂商确定厂价，而消费者到厂商购买商品并承担整个交通费用；后者表示产品由厂商运送，并根据顾客的位置确定差别性定价。前者较好地描述了消费品的销售商之间的竞争，后者适合描述工业品的销售商之间的竞争。两类模型的核心是厂商之间的战略性互动，并且由空间分离的市场上进行的。尽管两类模型有着差别，但两者都是相同的“向心力”和“离心力”，从而产生相同的区位模式，尤其是运输成本总是离心力，并造成独特的区位态势。

总之，完全竞争下的外部性主要源于给定区域企业的相互作用导致的知识溢出，垄断竞争下的规模收益递增源于产品或投入要素的差异化，规模效益递增产生累积循环效应促进产业集中，空间竞争的目的是占有更大市场，市场利润最大化促进竞争各方集聚在一起。

3.1.1.3 外商直接投资在空间上的集聚

FDI 集聚效应指的是 FDI 在空间上不是均匀分布的，往往表现出空间上集中的特征，同时一个地区较多的 FDI 存量也可能成为吸引 FDI 流入的重要因素。一个地区由于外资企业的进入和带动形成产业集聚后，在该地区形成了由企业集聚与合作引致的整体竞争优势，这种优势效应会对新投资者的区位选择形成吸引，进一步导致了新的外商投资的流入。

（1）外商直接投资在空间上的高度集中现象。

在外部不确定性的条件下，采取集中化的区位战略，不仅可以获取集聚经济效益，而且可以降低投资风险。当一个产业在某些特定地区形成 FDI 集聚后，将会形成产业特定的溢出效应和自然优势，这种特定的溢出效应对企业来说是外部经济，而对区域产业链来说则是内部经济。在这种溢出效应的吸引下，投资者倾向于选址在已有大量先前 FDI 集聚的地区，

联合国贸易和发展会议的世界投资报告每年以最新资料展示外商直接投资在空间上的高度集中，如日本电子消费品与电子元件的生产主要选择在东亚、东南亚以及美国等国家和地区；美国的对外直接投资集中在欧洲、加拿大、拉丁美洲、东亚与东南亚国家；英国和德国的对外投资集中在西欧和美国；东南亚国家或地区的对外直接投资则偏好东亚、东南亚国家和美国市场。外商直接投资在东道国内部的区位也只是集中在少数地区。在奥地利，57%的外商直接投资和 51%的外资企业集中在首都维也纳；东京都市区吸引了 80%的在日本的外资企业；在瑞典，60%以上的外资企业集中在三个县；在美国，加利福尼亚、纽约、得克萨斯、伊利诺依和新泽西五个州贡献了 50%以上的外资企业产出。这种空间集聚现象不仅存在于发达国家，在发展中国家也非常普遍。在中国，外商直接投资的 85%以上集中在沿海地区；在泰国的 68 个省区中，三个省区占 1987~2000 年外资流入量的 55%以上；在墨西哥，几乎所有的外商直接投资集中在与美国的边界州和一些中部的州；巴西的外商直接投资在空间上更加集中，主要

在里约热内卢和圣保罗两个都市区；在匈牙利的外资企业主要在布达佩斯地区；波兰的外资也大多数集中在一些大都市区。

（2）外商直接投资在空间上高度集中现象的原因。

外商直接投资在空间上的集聚取决于多方面的因素，如一个或几个重要的生产要素在空间上的集聚、外资企业之间的集聚经济、防御性投资以及不确定性等。

外商直接投资企业集中在东道国或地区的某些区域，可以获得和享受产业集聚带来的大量收益。具体来说有以下几个方面：①产业集聚带来的市场扩大使企业间分工程度深化，由此降低生产的平均成本，提高劳动生产率；②通过这种与相关上下游企业的接近，企业能够降低与价值链条上其他企业之间的交易成本与运输成本了；③在生产企业之间，研发、技术、销售渠道能得到共享，产生规模经济与范围经济效应，通过合作与分享还能促进集聚企业的整体创新；④在区域内外资企业之间，各自在进入东道国时关于该国的专有知识、商业与政治的关系能够实现共享，大大降低新进入企业的经营成本与经营风险。

这样由于追求收益的驱动，使得更多的外商直接投资企业在该区位进行投资，从而更加剧了外商直接投资在该区位的聚集。

外商投资在空间上集聚可以减少投资风险和不确定性，带来巨大的收益。跨国公司能够通过将生产性经济活动集中在大量经济活动的区位以获取外在经济效益。经济活动聚集的规模和结构都会对外商投资的区位选择产生影响。一个强大的产业基地必将是外商投资垂青的区位，因为这里有由前向、后向以及水平产业联系组成的产业联系网络，容易雇佣到熟练劳动力，同时还有城市化经济等外在经济。现有经济活动的规模应该是一个重要的区位因素。实际上，集聚经济在区位理论中占据重要的地位。

对当地而言，在外资进入逐步形成产业集聚的过程中，当地企业与民众能够理解跨国公司的战略意图和商务惯例，学会了同外国人从事商务合作的方法，通过学习和经验的积累，改善了投资环境，对 FDI 更具吸引力。随着时间的推移，这些地区在同外商交往的过程中将更加符合国际惯例，和世界经济更加融合，风险和不确定性逐步减少，由此减少了外国投资者“在国外从事商务的成本”，这样就增加了跨国公司进一步追加投资的可能性。

3.1.2 市场竞争所带来的扩散力

前面提到了引起外商直接投资区位转移的聚集力，但同时还存在着一种与之相反的作用力，即扩散力。

3.1.2.1 市场竞争所带来的扩散力的定义

企业数目增多将导致企业之间争夺消费者的竞争，也就是市场竞争效应。市场竞争效应与市场接近效应相应同时存在，但方向正好相反。这种效应导致不完全竞争性企业趋向于选择竞争者较少的区位。

如果某一区域的企业数量较多或者工业劳动力数量较多，则该区域的市场规模比较大。企业集中则使得企业之间争夺消费者的竞争激烈。这些竞争导致企业不得不采取低价促销等措施，从而使得企业利润减少，企业是以追求最大利润为目的的，因此竞争产生一种促使企业离开该地区的扩散力。

3.1.2.2 扩散原因（机制）

扩散是指资源、要素和部分经济活动等在地理空间上的分散趋势与过程。扩散机制的形成源于以下几个方面：

（1）不可移动要素的作用。由于运输成本的存在，像土地、自然资源都是不可移动或不可完全移动的要素，会对生产生活的集中产生影响。从供给方面看，一些生产生活必须放在资源所在的地方；从需求方面看，分散的要素创造了分散的市场，并且某些生产活动总是希望离消费者近一点。

（2）土地租金的上升。经济活动的集聚导致对本地土地需求的上升，从而抬高了土地价格，对经济活动的集中产生了相反的影响。

（3）纯粹外部不经济。当集聚超过了一定的限度就会对经济活动产生负面作用。如过度集聚将导致本地区的基础设施及社会服务供不应求，生活费用和生产成本大幅度上升，同时环境问题也日益突出。面对这些问题，部分居民和企业就不得不从原来的集聚地区迁移出去。

（4）企业间的激烈竞争。在集聚地区，同行之间的竞争日益激烈，市场趋向饱和，部分企业为了减少竞争压力不得不到其他地区开辟新的市场；集聚地区在进行经济结构转换过程中被淘汰下来的部分不宜发展的企业和经济部门也只能到经济发展水平低的区域去寻求立足之地。出于保障自身发展，获取原材料、能源，参与区际竞争等方面的需要，集聚地区主动与其他地区开展合作，从而引起部分资源、要素、企业等向其他地区扩散。集聚地区的企业为寻求进一步的发展，也会主动到周围地区建立分支机构或新的发展据点，以便扩大自身的影响和势力范围。

3.1.3 聚集力和扩散力之间的关系和分界

前面已经分别阐述了市场接近性所带来的聚集力①和市场竞争所带来的扩散力，下面将分别分析聚集力和扩散力之间的关系及其分界。

3.1.3.1　影响区域集聚和扩散的力量

区域空间结构是在集聚（向心力）和扩散（离心力）的作用下形成和发展的。集聚与扩散是相互对立和并存的，是制约区域空间结构形成与发展的重要机制。克鲁格曼将影响区域集聚和扩散的主要作用力分为以下几种：向心力由市场容量效应、劳动力市场影响、纯粹外部经济所产生；离心力由不可移动要素、土地租金、纯粹外部不经济、企业间的激烈竞争所导致（Krugman，1997）。如表 3-1 所示。

表 3-1　影响区域集聚和扩散的力量

向心力	离心力
市场容量效应（前向和后向关联）	不可移动要素
劳动力市场影响	土地租金
纯粹外部经济	纯粹外部不经济
	企业间的激烈竞争

资料来源：Krugman（1997）。

3.1.3.2　聚集力和扩散力之间的关系

（1）在区域空间结构形成与发展的不同阶段，集聚与扩散机制发生作用的强度不一样。在区域空间结构形成初期，集聚机制起着主导作用，引发区域内部发生空间分异；在区域空间结构发展时期，集聚机制的作用将逐步减缓，扩散机制逐渐发挥作用；当区域空间结构进入成熟期，集聚机制与扩散机制同时作用，其表现形式和程度较为复杂。一般情况是扩散机制的作用强于集聚机制。

（2）集聚机制与扩散机制的作用都存在一定的惯性。即集聚或扩散一

① 当然市场接近性带来的聚集力的形成机制里也包含了市场（空间）竞争。

旦发生，将沿着其固有的方向持续下去。在没有人为干预的情况下，只有等到出现集聚不经济或扩散不经济时，集聚或扩散才会受到遏制，并有可能由集聚为主转化为扩散为主或扩散为主而转为集聚为主，这时，原来的集聚或扩散趋势是不会消失的，仍将与扩散（或集聚）同时存在。但是，集聚或扩散在内容、规模、层次、速度等方面会发生不断的变化。

惯性也是有限度的。集聚机制作用超过一定的限度，就会产生集聚不经济，从而遏制集聚的进一步进行。同时，扩散机制的作用达到一定的限度也会产生扩散不经济，从而遏制扩散的继续进行。扩散过度就会割裂经济活动之间所固有的联系，失去发展所必需的外部环境，不能开展合理的分工与协作，于是就导致生产与经营的效益下降，甚至连正常的生产或经营过程也难以维持。

（3）在区域空间结构上，规模经济和运输成本之间存在着最为基本的平衡关系。企业规模经济的存在是解释集聚现象的关键因素，正是由于专业化分工和生产的不可分割性使得企业用相对较少的工厂为分散的用户集中生产，所以，规模报酬递增是最为强烈的向心力。但是，市场的地域范围和相应的运输成本使得生产不太可能集中在一个地方。换句话说，空间分散的需要就是一种离心力。

（4）运输成本的长期下降将强化集聚的趋势。较低的运输成本往往会促进产业集聚的形成。原因有两点：一是随着运输成本的下降，企业为了减少固定成本，有动力将其生产集中在较少的地方；二是较低的运输成本使得价格竞争更为激烈，企业不得不通过产品的差异化来缓和激烈的价格竞争。而产品的差异化将是一个聚集力，此时企业将不再担心价格竞争的毁灭性作用，各种向心力将占上风。因为其他效应遏制了竞争的作用，所以作为均衡结果的集聚将会出现（Matsuyama，1995）。

（5）当考虑到人口的迁移时，运输成本的影响效应将变得十分复杂。藤田和蒂斯认为，地理集中度和运输水平间的关系不太可能是单调变化的。当工人的空间流动较低时，非常高和非常低的运费都会引发经济活动的分散，只是运输处于中间值时，集聚才有可能出现。换句话说，运输成本和地理集中度之间可能呈“U”形的关系（Fujita 和 Thisse，1996）。

（6）应考虑历史因素的作用。区域空间结构的动态变化往往存在多个均衡点，由于经济活动的集聚有着累积和自我增强的特性，所以历史因素将对区域空间结构的形成产生重要的影响。社会经济环境发生较微小的改变都有可能导致区域结构的巨大变动，这也说明了我们难以预测新的聚集点的位置的原因。

3.1.3.3　聚集力和扩散力的分界

在度量聚集力和扩散力的强度时，交易成本是一个重要的测度标准。交易成本与贸易自由度或区域开放度是成反比的①。

（1）贸易自由度较大，那么扩散力将减弱。例如，假如贸易完全自由，则同其他地区的竞争与同本地企业的竞争是无差异的，也就是说，当贸易完全自由（无任何成本）时，企业间竞争是与区位无关的。如果是极端情况，贸易自由度很低（交易成本很高时），以至于区际交易活动几乎不存在，这时本地企业数量的变化对本地企业间竞争以及对工资的影响都是很大的。

（2）如果贸易自由度很大，那么聚集力也同样受到减弱。如果我们考虑生活成本效应，则这种聚集力的减弱情况是容易理解的。如果交易成本很低，说明区域间开放度很大，则不管区域间产业布局状况如何，区域间价格差异很小或几乎没有。因此，产业活动的转移对相对生活成本的影响微不足道。如果交易成本很大，则本地产品种类数量对价格指数的影响是相当大的。这反过来说明，如果交易成本很高，则市场接近效应也很大。

当交易成本很高时，扩散力大于聚集力，但随着交易成本的降低，很可能扩散力减弱的速度快于聚集力减弱的速度。那么在某种交易成本条件下，聚集力将超过扩散力，并且不断自我强化的转移趋势最终导致所有企业向一个地区集中，这时的交易成本称为突破点。

当交易成本降低到某一临界点时，初始的区际对称结构将转化为区际的非对称结构。也就是说，交易成本的持续降低开始时不会影响企业的生产区位，但降低到突破点时，聚集力将占主导地位并且所有企业向一个地区集中。

图 3-1 描述了以交易成本为基础的聚集力和扩散力之间的依赖关系，纵轴表示的是作用力强度，横轴表示的是贸易自由度（Φ）。贸易自由度取值范围为 0~1；当贸易自由度为 0 时，交易成本为无限大；当贸易自由度为 1 时，交易成本为 0。只要恒常性条件存在，那么当交易活动是封闭时，扩散力大于聚集力；反过来，随着开放度的提高，扩散力的减弱速度大于聚集力的增强速度，则在某一临界点上，聚集力将超过扩散力，开始发生经济活动的集聚，该临界点称为突破点，用 Φ^B 表示。这就意味着，在初始对称的区域之间，如果对称地提高开放度，则最终导致非对称的区域结构，而且导致

① 交易成本越大，贸易自由度越小；反之亦然。

这种非对称结构的人口流动，并不是渐进过程，而是突发性的①。

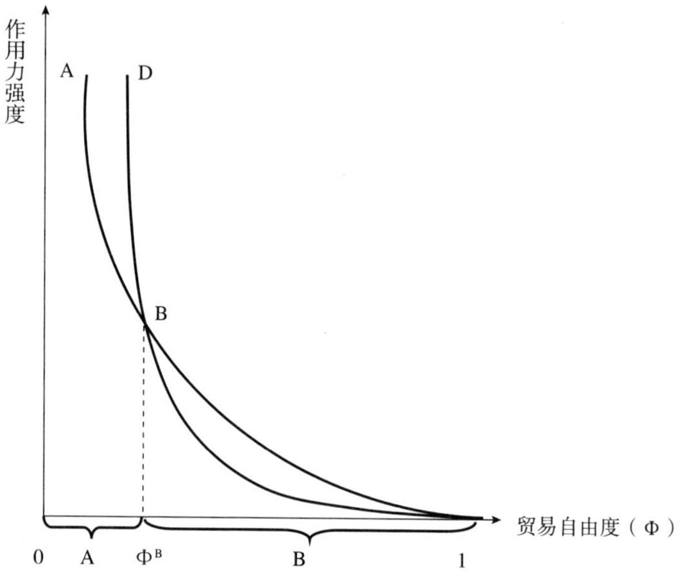

图 3-1　聚集力和扩散力的分界

注：曲线 D：分散力（本地市场竞争效应）；曲线 A：聚集力（后向和前向联系）；点 B：突破点。

3.2　FDI 区位转移的影响因素及一般模式

3.2.1　企业迁移理论与 FDI 区位转移

3.2.1.1　企业迁移的含义和类型

企业迁移（Firm Migration）的实质就是企业区位再选择（Firm Relocation）的过程，它是企业区位调整的一种特殊形式。从狭义上看，企业迁移是指企业把其生产活动从一个地方搬迁到另一个地方；从广义上看，企业迁移是指企业在一个新的生产地点开展其业务活动。也有学者把企业迁移看成是企业价值链上生产活动的空间变化，即"企业迁移是企业价值链

① 安虎森. 空间经济学原理［M］. 北京：经济科学出版社，2005.

活动中的部分活动或全部活动转移到其他地区”（白玫，2003）。

尽管学术界还没有取得一致看法，但一般认为企业迁移至少包括两种主要形式：一是完全迁移（Complete Relocation），即企业把整个生产设施从一个地方搬迁到另一个地方；二是部分迁移（Branch Relocation），即企业将部分活动迁出，在新的地方建立新的分支机构（Ortona、Santagata，1983）。前者主要由中小型独厂企业采用，新机构的建立伴随着原有机构的关闭；后者主要为多厂企业（多为跨国大型企业）采用，是企业规模增长和空间扩张的结果，新建机构与原有机构同时存在。

此外，从迁移的空间距离看，企业迁移还可分为长距离迁移和短距离迁移。一些研究表明，由于不确定性、投资风险和亲缘关系，企业迁移更加注重短距离迁移。

从微观层次看，企业空间扩张是促使企业迁移的主要动力，一旦企业达到其生产容量的界限，它就需要考虑迁移到其他地方。一般来说，企业主要采用三种方式进行空间扩张：一是原地扩张；二是设立新的分支机构；三是迁移到新的地方，以寻求更大的发展空间（Schmenner，1980）。由于存在沉没成本和迁移成本，原地扩张是企业扩大生产容量最经济的方式。只有当原地扩张不太适合时，企业才会考虑建立新的投资分支机构进行迁移。相比较而言，大企业通常采取建立分支机构的方式，而中小企业尤其是那些在当地经营的单区位企业更注重迁移的方式。这些企业倾向于在现有区位附近寻找一个新的区位，以维持与员工和供应商的关系。

3.2.1.2 企业迁移与企业区位的区别

企业迁移（再区位）不同于企业区位，前者考虑的是目标区位对现有区位的替代，不仅要研究来自现有区位的推力因素和阻力因素，而且要研究来自目标区位的拉力因素；后者只考虑目标区位的拉力因素。因此企业迁移是一个综合性的问题，要比企业区位问题复杂得多。由上述推力、阻力和拉力因素共同作用形成的合力，将构成企业的迁移力。

由于影响企业区位决策的因素是多方面的，而各种区位因素都会对企业的收益和成本产生影响，对这些区位因素的收益和成本进行累加将可以得到空间成本曲线和空间收益曲线。根据区位总收益和总成本的差额，就可以判断该区位是否盈利，由此将可以确定空间盈利界限（Spatial Margins to Profitability）（Smith，1971）。由于来自现有区位的推力和来自目标区位的拉力，现有区位不再处于空间盈利的界限之内，而目标区位恰好处于盈利界限内时，企业将会考虑从现有区位迁移到新的目标区位（Pellenbarg、van Wissen 和 van Dijk，2002）。

3.2.1.3 FDI 的区位转移

FDI 的区位转移是企业迁移的一种形式，它的特别之处就在于，这种类型的企业迁移的前提是该企业已经在国外或海外（一个东道国或地区）进行了投资，然后又在此基础上进行一系列的区位再选择（Relocation）行为①。图 3-2 对 FDI 的区位转移过程进行了描述。

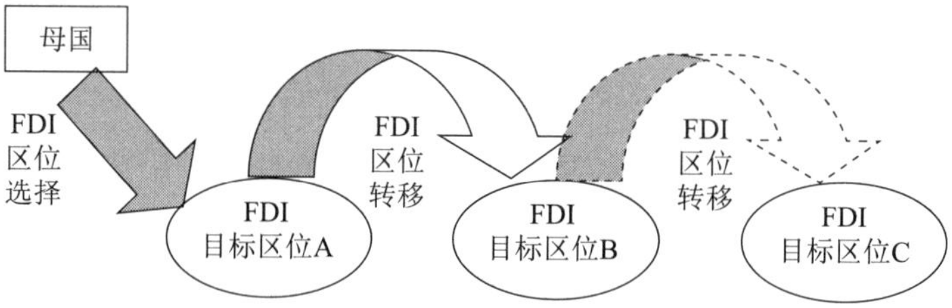

图 3-2 FDI 区位选择和区位转移

在跨国公司的全球化生产经营过程中，如果原来的东道国或地区已经不是跨国公司对外直接投资的最佳区位，而另一国家或地区由于区位优势的增强，使得这一新的国家或地区可能最接近 FDI 的最佳区位或已经成为跨国公司所要求的最佳区位，那么就将促使跨国公司把投资转移到这一新的国家或地区，从而形成 FDI 的区位转移②。例如跨国公司的某些撤资行为即属于 FDI 的区位转移③。这里所讨论的撤资是对外直接投资的自愿撤资方面，而且跨国公司并非在撤资之后便不再继续，而是把从原东道国的撤下来的资金和生产活动、技术、职能部门等转移到另外的东道国。因为该跨国公司在原东道国继续经营下去无利可图甚至亏损，因而，跨国公司将进行战略调整，对更有利的区位进行投资。

从图 3-2 中可以清楚地看出 FDI 区位选择与区位转移的区别。跨国公司最初选择目标区位 A 进行投资是区位选择行为；而从目标区位 A 转移到目标区位 B 则可以称为区位转移。事实上，将资本投向目标区位 B 而不是其他区位，这本身也是一个区位选择的过程，只是这次区位选择行为的起点具有特殊性——跨国公司不是把资本由母国投向国外，而是由一个原有

① 首先必须对 FDI 区位转移有清晰地认识，注意它的前提和适用范围。

② FDI 区位转移有两种形式，一种是 FDI 在不同东道国之间转移；另一种是 FDI 在同一东道国的不同地区之间转移。前者多发生在地域较小的东道国，后者主要发生在面积较大的东道国。

③ 跨国公司从一个国家撤资，随后把从原来东道国撤出的投资转而投向其他国家，即生产经营地点由一个东道国转移到另一个东道国，这一系列的行为属于 FDI 区位转移的典型现象。

的目标区位转移到了新的目标区位，由此便形成了 FDI 的区位转移。类似地，随着各个目标区位所具有的区位优势的相对变动，FDI 有可能再次由目标区位 B 转移到目标区位 C（图中虚线箭头部分）。这一系列的动态行为即 FDI 区位转移行为。

跨国公司 FDI 的区位选择只是一次区位选择的行为，而区位转移则是在现有区位基础上的二次区位选择行为，即区位的再选择、再区位，也可以说是跨国公司投资区位的变迁。区位的选择与区位的再选择这一系列的动态过程就构成了本书所要研究的 FDI 的动态的区位选择，或者称 FDI 的区位转移。

3.2.2　影响 FDI 区位选择的东道国因素

根据对外直接投资理论对跨国公司海外生产投资动因的分析，跨国投资区位选择的基本出发点是利益驱动。跨国公司本身拥有无形资产和品牌优势、管理优势、规模经济和垄断优势以及融资优势，其寻求对外投资的目的是追求利润最大化，因此生产成本最低和预期利润最高的国别往往容易成为投资地。此外，人口密集和相对较高的收入意味着潜在的消费市场，在面对其他国家的关税贸易壁垒等因素的影响时，公司通常又会选择市场较大的国别进行投资。总而言之，跨国公司对外直接投资的战略取向包括了成本取向、市场取向、利润取向等多种因素。

20 世纪 90 年代以后，随着经济全球化和投资自由化的迅速发展，跨国公司对外直接投资的动机和战略也发生了很大变化。与此相对应，跨国公司在进行投资决策时所关注的东道国区位因素也会有所不同。具体来说，流入发达国家和发展中国家的 FDI 有着以下不同的类型和区位决定因素：

（1）发达国家之间的 FDI。除了传统的市场资源寻求型 FDI 外，目前发达国家之间的跨国公司活动主要有两种类型，每种类型分别对应着不同的东道国决定因素。第一种类型是跨国并购（M&A）。它的基本动机是期望被并购的企业能够帮助并购企业提升竞争优势，以及进入新的市场或取得新的供应能力。对于这种类型的投资来说，东道国与竞争性政策和跨国并购有关的商业环境和政府管制将越来越成为重要的区位决定因素（如各国政府对于跨国并购不同的态度将会影响有关投资的流向）。第二种类型是水平的效率寻求型 FDI（Horizontal Efficiency-seeking FDI），鼓励这种投资的因素包括市场自由化和区域一体化的进展。

（2）发达国家对发展中国家的 FDI。在此也有两种主要类型的 FDI：第一种是传统的市场寻求型或资源寻求型 FDI，其关键影响因素包括市场规模和人均收入、市场增长、原材料以及熟练劳动力等。这种投资通常都是与各个区位的特有优势（如市场或资源禀赋）密切相关的，但也会受到外资政策和商业便利措施的因素的影响。第二种是垂直的效率寻求型 FDI（Vertical Efficiency Seeking FDI）。外国公司寻求在（实际）成本最低的区位生产中间产品和最终产品，并且主要用于出口到第三方市场。当前，这种投资主要集中于南亚、东南亚和墨西哥。跨国公司所考虑的东道国因素包括原材料的可获得性和成本、劳动力的成本和技能等。

表 3-2 列出了 20 世纪 90 年代与 70~80 年代相比，跨国公司对外直接投资的动机和战略的变化，以及影响 FDI 区位决策的东道国因素的变动情况。

表 3-2　20 世纪 70~80 年代与 90 年代 FDI 区位影响因素的变动

类型＼年份	1970~1980	1990~2000
（1）发达国家对发达国家的投资	企业的动机/战略	
	主要是市场寻求型和水平效率寻求型 FDI 混合采用绿地投资和并购的方式 跨国公司的多国经营	更多的是资产增值型和（水平）效率寻求型 FDI 更多地采用并购和战略联盟的方式 整合跨国公司的经营活动
	东道国决定因素	
	主要是 FDI 的政策框架和影响市场/效率寻求型 FDI 的经济决定因素	强调商业便利化措施 创造性资产的可获得性 集聚经济
（2）发达国家对发展中国家的投资	企业的动机/战略	
	主要是市场寻求型和资源寻求型 FDI 绿地投资或合资经营 跨国公司的多国经营	更多的是（垂直）效率寻求型 FDI 和分包
	东道国决定因素	
	主要是 FDI 的政策框架和经济决定因素，特别是对 FDI 的激励措施	重点转为利用 FDI 来提升竞争优势 更多地关注经济政策和商业便利化措施

续表

类型＼年份	1970~1980	1990~2000
(3) 发展中国家对发达国家的投资	企业的动机/战略	
	FDI 非常少	
	东道国决定因素	
	与（1）相同	
(4) 发展中国家对发展中国家的投资	企业的动机/战略	
	几乎全部是市场寻求型或资源寻求型 FDI 跨国公司的多国经营	与 70~80 年代类似，但是效率寻求型 FDI 和某些资产增值型 FDI 的数量有所增加
	东道国决定因素	
	与（2）相同	与（2）相同

资料来源：Dunning J. H. Determinants of Foreign Direct Investment: Globalization Induced Changes and the Role of FDI Policies, The Economist Intelligence Unit, London, 2002.

3.2.3　FDI 区位转移的影响因素

跨国公司的生产经营活动以及各国经济的发展都会导致东道国区位优势的变化。FDI 区位决定因素的变动将会促使 FDI 离开竞争加剧、利润减少的区位，流向成本更低、市场更大的地方。

一般认为，影响跨国公司企业迁移的因素是多方面的，包括内部因素、外部因素和区位因素三方面（Lloyd、Dicken，1977）。从严格意义上来讲，外部因素是相对于内部因素而言的，它应包含区位因素在内，但因为区位理论有强调区位因素分析的传统，所以通常将其单列出来，以显示它的重要性。

3.2.3.1　企业内部因素（决定因素）

企业内部因素主要包括企业战略、组织结构、部门特征、产权、规模、年龄、财务状况、管理水平和决策者行为等。由于企业迁移决策是一个多阶段的动态过程，因此，企业扩张战略、决策者行为以及企业组织特征等，将对迁移决策有着重要的影响。在多数情况下，这种影响往往是决定性的。

范迪克和佩伦堡（2000）对荷兰1300家企业的实证研究结果表明，企业迁移决策主要是由内部因素决定的，部分是与区位相关的因素决定的。

布劳威尔等（2002）研究了21个国家的企业迁移问题，结果发现小企业和年轻企业更倾向于迁移。年轻企业一般比老企业增长更快，由此将诱导其迁移到其他地区（Dunne、Hughes，1994）；相反，老企业更加根植于当地经济环境中。服务业企业通常比制造业企业更加倾向于迁移，因为服务业企业大多是小企业，其投资、培训等沉没成本较低，相对容易迁移到其他地方。此外，与经营收购或接管的企业相比，陷入并购的企业也更加愿意迁移。因此，收购和接管可以看成是企业再区位的替代。

3.2.3.2　外部因素和区位因素

（1）竞争强度的累积。美国的跨国公司在20世纪50年代以后对西欧大量进行投资。基本的决定因素是市场利润高，东道国政府政策自由，拥有技术基础、熟练工人，并且在文化上也比较接近。寡头垄断竞争和羊群效应也促使其他跨国公司（包括来自日本和某些新型工业化经济体的公司）竞相对西欧地区扩大投资。结果，随着竞争压力的增大，利润空间不断减小，从而迫使跨国公司将制造业活动转移到要素成本和工资更低的国家。亚洲国家的低成本生产优势吸引了跨国公司对其投资进行重新调整。美国的跨国公司开始对新加坡、韩国、泰国、马来西亚、菲律宾以及中国香港、中国台湾等国家和地区进行投资，在那里为全球市场进行生产。这样，美国公司在西欧的投资主要集中于与知识有关和技术密集型的部门，而将效率寻求型投资转移到亚洲地区。

（2）市场寻求型投资。在20世纪90年代初期，一些人口众多的亚洲国家（中国、印度和印度尼西亚）开始吸引大量的外国直接投资。这些国家对外资开放主要是为了利用外国的资本以及随外资引进的技术，但是它们众多的人口一方面提供了较低的工资和要素成本，另一方面也表明其市场规模巨大，因而进入这些国家的FDI不单是效率寻求型的，同时也是市场寻求型的。跨国公司境外投资的主要目标在于扩大对海外市场的占有，提高其国际市场占有率。跨国公司以市场占有率为目的进入可以有不同的表现形式：例如，具有新产品生产垄断优势的企业往往采用领先进入市场的策略，采用先入为主的方式占领市场；又如，即使原有市场份额没有受到威胁，厂商也力求扩大新市场，扩充市场规模。此外，在寡头垄断的条件下，厂商习惯采取跟随行动，即为了防止竞争对手独占市场而跟随进入。这类投资具有很强的策略性和竞争性。

（3）寡头垄断竞争。跨国公司对新的发展中国家进行投资，也将促使其寡头垄断竞争对手对该国进行投资，这是因为全球化经营的跨国公司不愿意把潜在的新兴市场拱手让给竞争对手，从而会跟随竞争对手进入新的投资区位。这种“羊群效应”将会进一步加大新的投资区位的外资流入。

（4）自由化和引导性的投资环境。东道国的政治和经济体系以及东道国政府的政策框架始终是对投资环境进行评估的重要因素。Dunning（1993）提出的 ESP（环境—制度—政策）范式试图把所有这些要素整合在一起，并且强调了推动国际生产活动的四个主要因素：①技术进步；②经济发展的步伐及其结构；③政府对于限制经济活动的障碍的态度；④新的组织形式，或者新的组织生产活动的方式。随着许多发展中国家政治和经济环境的改善，它们对于 FDI 的吸引力也将越来越大。

（5）吸引 FDI 的制度性措施。制度性措施可以分为三个不同的层次：①宏观层次上为整个贸易和投资环境的自由化；②吸引 FDI 进入经济中的特定产业部门的激励措施；③对跨国公司特定项目的激励。当前许多国家的政府都加快了 FDI 体制自由化的进程，如何更有利于 FDI 的流入成为各国 FDI 政策改革的主要目标。越来越多的国家，不仅放开了外国投资，而且还实行了更有针对性和选择性的投资目标战略和投资促进战略，其中亚洲是实施自由化最快的东道国地区之一。

过去十多年间，在各国 FDI 的法规变革中，旨在更好地吸引 FDI 流入的措施占有非常高的比例。据统计，1992~2005 年颁布的 2267 项国家规制变动中，有 2078 项是朝着自由化方向发展的，或带有促进外资流入的性质，只有 189 项带有限制外资流入的性质。2005 年，有 93 个国家对本国 FDI 法规进行了 205 项修订，其中 164 项修订是更有利于吸引 FDI 的①。各国外资政策的变革内容集中于简化手续、增加激励、减少税收、强化促进、提供担保、准入条件放宽、部门更加开放、强化控制等方面。

（6）区域一体化和集聚优势。

与东道国企业相比，外国投资者在所处的投资环境中处于一种“外来身份”劣势，在原材料购买、识别和发现市场机会、熟练劳动力来源、管理以及许多不可预见的不确定性等方面比东道国企业有着更高的信息成本，这使得跨国公司往往做出风险回避型的区位选择。处于某个区域一体

① UNCTAD. World Investment Report 2006. New York and Geneva：United Nations，2006.

化组织内部的各国，不但在地理和文化上比较接近，而且有着大致相同的政治和经济体系、类似的贸易和投资政策、壁垒较少的区域内市场，以及集聚优势。因此，跨国公司基于整个区域而不是单个国家的评估，将使它们更加看好在该区域一体化组织内部的投资。美国跨国公司在 20 世纪 50 年代对西欧的投资，以及 20 世纪 80 年代以来逐渐转为对亚洲的投资，都是同该地区区域一体化组织的发展分不开的。

一方面，上面列出的因素有些是作为“推动”因素，促使跨国公司离开原有的投资区位，对发展中国家进行新的投资，以便充分利用其低成本优势，并且占领新兴市场。另一方面，许多发展中国家也采取各种措施来吸引 FDI，例如经济开放和自由化、基础设施改进、人力资源开发、投资激励等，这些则成为“拉动”投资流入的因素。所有这些“推动”和“拉动”因素结合在一起，就将促使跨国公司的 FDI 在不同区位之间进行转移，从而寻求更高的利润和更大的市场。影响 FDI 区位转移的推动和拉动因素如图 3-3 所示。

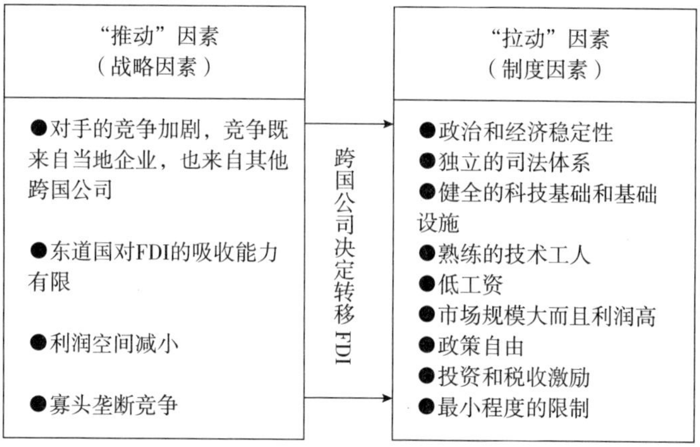

图 3-3 影响 FDI 区位转移的推动和拉动因素

3.2.4 FDI 区位转移的一般模式

跨国公司在分析了所有的 FDI 区位决定因素之后，将对最优的区位做出选择。羊群效应也会使其他跨国公司进行投资，以免将市场拱手让给其他竞争对手。随着投资的累积，东道国经济吸引外资的能力逐渐达到限度，从而跨国公司之间以及跨国公司与当地企业之间的竞争日益加剧，进而减少了利润空间。为了保持竞争力，跨国公司将寻找其他可以降低工资和要素成本的区位。因此，跨国公司将对其投资重新进行调整，对新的市场进行效率寻求型和市场寻求型投资，这种转移通常转向属于同一区域经济集团的其他国家。当这一新的区位竞争压力逐渐加大，并且其他地区开始实行经济自由化时，这种循环将会重复进行。这是因为随着经济的发展，甚至发展中国家的工资水平也会上升，同时随着技术水平的提高，在这些国家中的 FDI 不会仅仅投资于劳动密集型经济活动。

跨国公司 FDI 区位转移的决定因素和转移过程如图 3-4 所示。

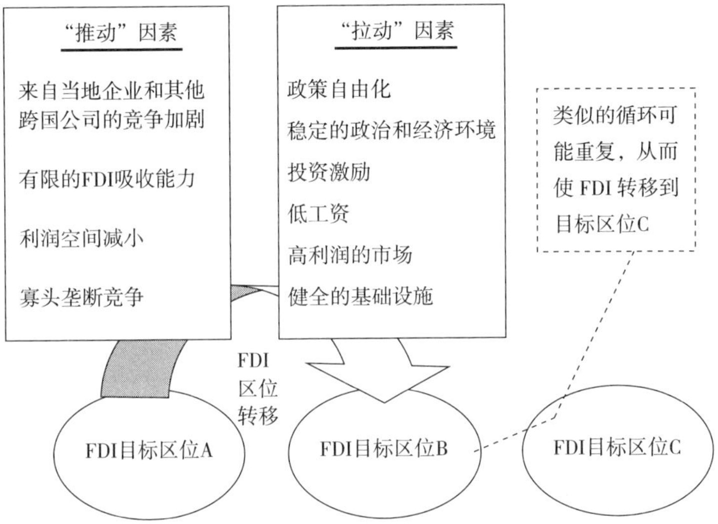

图 3-4　跨国公司 FDI 区位转移的决定因素和转移过程

由此可见，东道国的激励措施只代表着拉动因素，只有在推动因素（如竞争加剧、利润下降）同时存在的情况下，才会发挥作用，引致 FDI 的区位转移。这两种因素结合在一起，将促使跨国公司对投资重新进行调整，把新的效率寻求型和市场寻求型投资投向发展中国家。

跨国公司对投资区位的选择，是根据其投资目的，结合自身的竞争优势和东道国的区位优势，经过综合决策而确定的。因此，不同的国家和地区应根据自身的特点和优势，对其外资政策重新进行评价，以便能够吸引并保持所预期的外国直接投资。在制度方面，政府需要提供一个对贸易和投资友好的环境以及健全的基础设施，从而对 FDI 形成吸引力。政府或其相关机构的措施也可以针对特定的产业部门，甚至在特定项目中与跨国公司进行有关激励措施的直接谈判。与此同时，东道国政府也应该认识到其区位因素并不是一成不变的。随着经济自由化和全球一体化的发展，国际范围内的区域经济布局将更加趋于合理。一个区位的产业聚集和经济发展将影响资本的流动，从而使该区位的优势发生相应的变化。现有的区位优势可能会随着成本的提高而丧失，但新的优势也可能随着经济的发展和政策环境的改进而创造出来。此外，信息网络技术和电子商务的发展已经使地理区位的影响变成了次要因素，而对时间和效率的要求则成为不可忽略的因素。在这种情况下，一些内在的因素如政府效率所体现出来的整体竞争力将越来越重要。东道国政府需要根据跨国公司所关注的区位优势的变动，时刻注意提升并创造自己特有的区位优势，以保持对外国直接投资的持续吸引力。

3.3 FDI 区位转移的具体模式

本节从空间经济学的角度考虑 FDI 的区位转移现象，它更侧重于空间方面的规律。空间经济学理论认为，投资的空间指向应当选择利润产出最大的地区。由于资本的稀缺性、生产要素的空间差异性以及周边地区、国家和国际竞争的压力，使得投资必须向收益最高的地区集中，以抗衡外部的竞争压力。在描述 FDI 区位转移的具体模式时，可以借鉴的理论主要有增长极理论、中心—外围模型理论和梯度转移理论。

3.3.1 增长极理论及增长极的空间转移特征

3.3.1.1 增长极理论的形成及其进一步的发展

法国经济学家佩鲁（F. Perrour）于 20 世纪 50 年代提出了增长极概念。这是一种无时间变量的不平衡增长理论，因此，有意识地培养增长极，利用增长极的推动效应和产业之间的连锁效应，可以带动全局的发展。

增长极理论是在佩鲁一些思想的基础上，主要由法国和比利时的一些研究者们创立和发展起来的。与佩鲁的传统相适应，增长极理论开始集中于部门之间的关系角度考虑，区域之间的关系只是处于一个边缘位置上。

然而，自 20 世纪 60~70 年代开始，大批文献沿着增长极理论的思路进行研究，并进一步发展了增长极理论，从而导致增长极理论研究转入对区域和空间联系的理论探讨。

法国经济学家布代维尔（J. R. Boudeville）和拉塞（J. R. Lasuén）是把区域和空间联系纳入增长极理论考察范围的先驱和杰出代表，尤其是他们追溯克里斯·泰勒和廖什的中心地理论，把区位论和空间论的观点纳入了增长极理论之中，并发现增长极的发展功能直接同城市的聚集体系模式联系在一起①，形成一定的空间模式。

增长极理论同时接受了熊彼特（J. Schumpeter）和佩鲁的观点，把创新放在中心位置：经济活动的集中化导致创新，由此产生的发展优势又进一步吸收经济活动，在强化了聚集优势的同时也包含了动态的含义。

3.3.1.2　增长极理论中增长极的空间转移特征

通过以上对增长极理论的形成及其发展的阐述可以看出，增长极理论的研究范围扩大了：从单一的部门之间关系的角度到区域之间的关系角度，并进一步发展到空间结构角度；从抽象的空间转换到具体的地理空间，同时考虑到空间模式是一个动态的发展阶段。

很多学者从空间的角度讨论增长极，使之朝着空间和区域经济的方向发展的趋势。下面具体分析这些学者对增长极的空间转移特征进行的阐述。

（1）法国经济学家佩鲁提出的增长极概念。增长极理论是在佩鲁提出的增长极概念的基础上进一步深入研究而得出的，因此我们这里有必要对佩鲁的这一概念进行具体分析。

第一，增长极的定义。佩鲁将增长极定义为动力产业或具有推动作用的产业的聚集。他所说的增长极是在一定的经济环境或经济空间中的“推进型单元”，这种推进型单元是与周围环境相结合的，对另外的经济单元施加不可逆或部分不可逆的影响。产生“支配效应”的推进型单元，也就是说增长极是具有空间集聚特点的推动性产业的集合体。佩鲁认为，有意识地培养增长极，利用增长极的推动效应和产业之间的连锁效应可以带动全局的发展。

第二，增长极的作用。增长极就像一个“磁极”，能够对周围地区的

① 一个增长极或经济中心（中心地理论用语）的形成离不开一个城市的聚集优势和多种功能。为了增大对周边地区的增长刺激，也就是说为了实现它作为增长发动机的功能，城市必须处于经济中心，在它的周边按其功能形成纵横交错的居民定居地体系。增长刺激不是无条件地在空间持续扩散，而是遵循中心地等级扩散。也就是说，它从最高一级的中心城市逐级向低一级扩散。因此，经济增长与城市化之间的关系日益受到人们的重视。

生产要素产生吸引作用，同时也将自己的生产要素扩散到周围地区，从而既促进自身的经济增长，又推动其他地区的经济发展。增长极聚集的企业大多具有创新作用，由此会形成一定的空间势力范围，并对周围地区产生支配作用，或者通过不断的技术创新和制度创新对其他地区施加影响，促使其发生相应的变化。

（2）布代维尔对佩鲁的增长极理论的扩展——空间角度。布代维尔重新探讨了空间的含义，扩展了佩鲁的理论。布代维尔认为，增长极还应落实到具体的地域空间上，它应是这些企业或产业部门所处的地域空间，因此他将其从抽象的空间转换为具体的地理空间，强调了增长极的空间特征。布代维尔还认为，经济空间不仅包括与一定地理范围相联系的经济变量之间的经济关系，而且也包括经济现象的地域结构关系。经济活动的空间布局，尤其是增长极的空间结构，决定了一定发展阶段上的经济空间模式。

（3）拉塞的发展循环累积过程论——空间动态角度。空间模式不是既定不变的，而是发展的结果。拉塞认为，一个国家的经济发展和城市化模式是创新吸收过程在时间和空间上的轨迹。由于经济活动密集和已形成的发展优势，城市比外围农业区域更容易吸收创新。拉塞提出两个基本命题如下：

第一，在一定时点上观察到的空间结构，特别是中心地体系，是以往的创新推力的结果及其在空间上的表现。

第二，在发展了的城市化区域，创新的吸收更好、更快，因而在这些区域创新会得到更好的扩散。

通过拉塞提出的两个基本命题，可以看出形成创新扩散是一个循环累积的过程。

3.3.1.3 集聚发生的另一种途径——增长极

马丁和沃塔维阿诺（2001）构造了一个与实证分析一致的模型，以揭示增长和集聚间的作用机制。

集聚与增长的关系模型表明了集聚发生的另一种途径，即通过经济活动的增长来触发集聚。分析从初始状态出发，这时，两个区位是等同的。模型表明，当经济开始增长时，唯一的稳定均衡是两个区位中的一个获得所有的创新活动以及大部分产业生产。通过将经济地理模型融入内生增长模型中，该模型不仅能确定新的产生集聚的因素，而且该理论还认为，经济活动的空间分布对增长起到重要作用。集聚产生了区域间收入水平的差异，同时也提高了整个经济的增长速度。

一旦经济处于停滞（增长率等于零）状态，集聚机制就不会发生。当对增长的束缚被消除，例如由于市场规模的增长或交易成本的减少，那么，增长率和集聚率都将增加，而且趋于相互增强。一个经济中交易成本的降低将通过经济活动的区位效应加快整个经济的创新速度。由于循环因果机制的作用，这两种效应将相互增强。

3.3.1.4　增长极理论与外商直接投资

增长极理论可以用于外商直接投资区位理论，解释外商直接投资对于东道国区位发展的推动作用。外商直接投资倾向于集聚，因为与东道国企业相比，外国投资者在所处的投资环境中处于一种“外来身份”劣势，外商直接投资集聚可以减少投资在原材料购买、识别和发现市场机会、熟练劳动力来源、经营管理以及许多不可预见的不确定性等方面的成本，有利于外商直接投资更加便利、有效地进行。

由于各东道国存在着增长极，因此如果外商直接投资投向这些增长极，增长极的循环累积发展则可以更进一步地促进其经济增长。这样，经济越发展，当地人民的生活水平越高，人民的购买力越提高，越能促进人民购买外商直接投资企业所生产销售的产品，这样越能给外商直接投资带来更高的利润。

同时，当地政府可以提供政策补贴，使得更多的外商直接投资企业投向该地区，这样，一些东道国可以采取鼓励补贴政策促使一些外商直接投资企业投向比较落后的区域的某几个增长极，从而发展起这些增长极。由于增长极还具有扩散效应，通过这些增长极可以进而带动周边落后地区的经济发展。

3.3.2　中心—外围模型理论①

外商直接投资的经济空间结构，是区域经济客体在空间中相互作用及所形成的空间集聚程度和集聚形态。在不同的社会经济发展水平（阶段），区域经济空间结构的中心—外围式格局并没有被打破，而是更加强化。Dicken 等认为区位是决定经济要素空间分布的主要基础。区域经济空间结构的中心—外围格局并没有被打破而是更加强化。本书主要从弗里德曼（J. Q. P. Friedmann）的中心—外围模型和克鲁格曼（P. Krugman）的中心—外围模型及其发展与扩充两个角度来分析这一模型。前者本书主要从区域

① 有的经济学家和学者把中心—外围模型（Core-Periphery Model）译为核心—边缘模型。

经济类型之间的关系说明区域经济的吸收的集聚和扩散作用；后者通过集聚和扩散的空间机制，即形成集聚和扩散及相互作用的内在原因，来分析这一模型。

中心—外围模型本来是拉美学派的依附理论，不是一个独立的理论。中心—外围模型主要针对两个区域类型之间的关系，这是从空间上的解释。中心—外围模型也可以从非空间的意义上解释为社会群体、经济阶层等。从空间上看，它是一种抽象的构思，不是通过人口密集程度、经济结构等方面来定义，而是从两者之间具有怎样的关系角度来定义。“中心”是指决定经济体系发展路径的局部空间，因此这也决定了被称为“外围”的依附的局部空间的发展。也就是说，中心和外围共同构成了一个体系，它是以权威性和依附性关系为标志的。

通过这样的定义，中心和外围模型可以存在于不同的层面：一个区域的局部范围之间、区域之间、国家之间以及在全球层面上的第一世界和第三世界之间。例如第三世界发展中国家的大城市对发展具有重要影响，可以视为中心，但在与发达国家的关系上，又属于外围部分。这些城市区的双重功能与中心地等级序列中的一个处于中间位置的中心地相类似，它受上一级中心地的支配和影响，但对下一级中心地而言却是占据优势地位。

3.3.2.1　弗里德曼的中心—外围模型

从区域经济学的角度开始讨论中心—外围模型的是弗里德曼的论文“极化发展的一般理论”。他不像早期的中心—外围理论的代表人物普雷维什（R. Prebisch）那样局限于经济过程的考察，而是把社会发展过程也纳入到思考之中。

（1）弗里德曼思考的出发点。弗里德曼思考的出发点是创新问题，但又不仅仅是指技术—经济意义上的创新，而且包括诸如新的组织形式和新的生活格调等方面的社会革新（制度创新）。弗里德曼认为，区域发展是通过一个不连续的但又是逐步累积的创新过程实现的，而发展通常起源于区域内少数的“变革中心”，创新由这些中心向周边地区扩散，周边地区依附于中心而获得发展。因此，发展本身就包含着极化过程，在这一点上同极化理论是一致的。根本的革新只是在相对数量较小的城市地区形成的，这些地区决定了发展过程。弗里德曼把这些地区称为“中心”，剩下的所有地区是依附性的外围。

（2）弗里德曼的区域经济发展阶段划分。弗里德曼在早期的研究中，已明确地把区域经济增长的特征与经济发展的阶段联系起来。他把区域经济发展划分为四个阶段，即前工业化阶段、中心—外围阶段Ⅰ（工业化初期阶段)、中心—外围阶段Ⅱ(工业化成熟阶段)、空间经济一体化阶段(后工业化阶段)(见表 3-3)。在每个发展阶段上，资源要素流动状态不同，具有不同的阶段性特征。

表 3-3 不同发展阶段的资源要素流动状态与区域经济特征

特征＼阶段	前工业化阶段	中心—外围阶段Ⅰ(工业化初期阶段)	中心—外围阶段Ⅱ(工业化成熟阶段)	空间经济一体化阶段(后工业化阶段)
资源要素流动状态	较少流动	外围区资源要素大量流入中心区	中心区要素高度集中，开始回流到外围区	资源要素在整个区域内全方位流动
区域经济典型特征	已存在若干不同等级的中心，但彼此间缺乏联系	中心区进入极化过程，少数主导地带迅速膨胀	中心区开始对外扩散过程，外围区出现较小中心	多核心区形成，少数大城市失去原有主导地位，城市体系形成

由表 3-3 可以看出，中心—外围模型中区域经济发展的主要形式是，通过中心的创新聚集或扩散资源要素，引导和支配外围区，最终走向区域经济一体化。后来，弗里德曼认为仅仅从经济的角度阐述区域之间发展的不平衡，还不足以说明，因此又进一步把社会、政治因素引入模型，试图做出更全面的解释。

按照弗里德曼的观点，中心之所以能对外围区产生影响，除了它的创新活动活跃，因而成为区域发展的源头外，还具有使外围区服从和依附的权威和权力。他把这种权威归结为六种自身强化的反馈效应，分别为优势效应、信息效应、心理效应、现代化效应、联动效应、生产效应。然而，弗里德曼还认为，中心对外围的优势并非长期保持不变。到一定阶段，从中心发源和扩散的创新导致在权力分配上的不平衡，会使中心与外围的矛盾尖锐，外围的精英争取发展过程优势的要求越来越大，所以中心—外围模型表明了社会冲突的空间形式。这种冲突导致四种可能的结果：中心对外围精英的镇压、外围精英中立化、中心精英的解体、中心精英向外围转移，从而形成新的权力均衡分配。

20 世纪 80 年代，维宁（D. R. Vining）从经济角度进行的经验研究，为弗里德曼的中心—外围理论提供了实证分析。维宁发现，在经济发展的早期阶段，人口、产业和资本集中于中心区，主要是因为该区的各项基础设施较完善且费用很低，具有外部经济；到了发展中期，这种情形会逐渐趋于缓慢；到了发展晚期，因中心区出现外部不经济现象，地价逐渐高涨、交通阻塞、噪声、空气污染及其他问题，人们便逐渐地转向外围区域发展，区域不均衡因此缩小。

3.3.2.2 克鲁格曼的中心—外围模型及扩充

弗里德曼的中心—外围模型主要从区域经济类型之间的关系说明区域经济的吸收的集聚和扩散作用，克鲁格曼的中心—外围模型主要吸收前者的集聚和扩散作用，同时在集聚和扩散的空间机制即形成集聚和扩散相互作用的内在原因及内在的两种力量。

（1）克鲁格曼的中心—外围模型讨论的问题。中心—外围模型重点讨论工业部门和工业劳动力的迁移问题，较少地讨论农业部门①。工业部门以规模收益、垄断竞争②为特征，工业品的交易遵循“冰山交易③”技术。由于产品的垄断性④，产品种类数就等于企业数量；同时当竞争均衡时，产品仍然满足零利润条件，这大大简化了讨论的问题。

假设有两个区域，我们暂时称为“北部”和“南部”，这两个区域的初始条件是一样的，但当至少一个工人从南部迁移到北部时，这种初始对称状态被破坏。由于工人把自己的收入消费在工作的地方，因而工人的迁移使南部的市场规模变小而北部的市场规模变大。由于市场接近效应，市场规模的变化将使南部的一些企业迁往北部。尽管此时南北各区域的名义收入一样，但由于存在生活成本效应（即价格指数效应），产业的这种重新布局使北部更具有吸引力。基于上述原因，初始的这种冲击（这里指个人的迁移）持续得到加强，工人的迁移改变了实际工资水平，进一步激励

① 农业部门以规模收益不变、完全竞争为特征，农业品生产的可变成本为每单元产出需要的单元的农业劳动，农产品交易是无成本的，农产品又是本模型中的计价物（即农产品的价格为1个单元）。

② 从迪克希特—斯蒂格利茨模型可以看出，消费者的偏好包含有对产品多样性的偏好，这意味着消费者的效用与产品的数量间呈正相关关系。在垄断竞争情况下，来自不同生产商的产品是不完全可替代的，即使每个独立的生产商面临生产中的规模报酬递增，由于产品的替代是有限的，最大的生产商也无法排挤最小的竞争者。

③ 新经济地理模型将运输成本假定为“冰山”的形式，这意味着任何产品在运输中都将按一定的比例被“融化”掉，这样，运费就包含在产品本身之中，而无须单独考虑运输价格。

④ 由于工业部门以规模递增为特征，每个企业只生产规模收益递增部门的产品，故不会出现一个企业生产多种产品的多元化经济，每个企业在一种产品的生产上具有垄断性。

工人从南部迁移到北部，这就形成了循环累积因果关系（也称前后向联系）。但是上述过程并非唯一，南部企业迁移到北部后，北部的企业数量增多了，结果导致企业间争夺北部消费者的竞争更加激烈，而在南部这种竞争将趋向减弱。这种结果意味着北部的企业不得不支付较低的名义工资以便保持收支平衡，而在南部的企业由于竞争减弱，可以支付较高的名义工资。这样，在已有的生活成本情况下，北部的吸引力减弱，而南部的吸引力得到增强。

（2）克鲁格曼的中心—外围模型的基本思想。由克鲁格曼提出的中心—外围模型将垄断竞争、货币外部性与前后向关联效应结合在一起，观察是否发生突变性集聚。克鲁格曼认为，产业集聚的根本原因是规模经济，正是规模经济才使得利润最大化的制造业企业只是在一个区域选择厂址。他把区域发展理解为一个在外部规模经济（市场外部性）驱动下的经济空间的自我强化过程，某些偶然性和不确定性因素、历史和特殊事件、某种偏好、某种生产要素的天然的可获得性等都可能在自我强化的过程中趋于不断放大而对区域格局的形成和区域经济的发展产生决定性作用。在一些假定下，前向和后向关系加强了产业集聚的自我强制过程。经济格局一旦形成，又会通过生产的前向和后向关联以及要素的流动产生累积效应，使得非理性的经济分布具有“锁定”（Locking in）效应。

这背后的驱动力是工人和企业的迁移。它们总是选择到市场相对较大的地方去。农民的不可移动性产生了相反的作用力。因此，由这两种向心力和离心力等较量所形成的空间结构主要取决于运输成本的高低、制造品购买占总支出的份额和制造业产品间的替代弹性的大小（Krugman，2000b；Krugman，1991b）。

3.3.3　梯度转移理论和“产业聚集力”理论

3.3.3.1　梯度转移理论

梯度转移理论是建立在客观存在的地区二元结构基础上，它以比较优势理论为基础，引入了美国学者弗农等的工业生产生命循环阶段论理论，说明了产业转移的一般性方向，成为解释产业地区转移的重要理论之一。

梯度理论认为，由于生产要素禀赋、经济基础和发展战略的不同，各国（地区）技术水平的差异，从而形成了不同的产业梯度，即各国（地区）的产业结构层次存在明显的阶梯状差异。区域间经济发展水平的差异构成了不同的发展梯度，区域经济的盛衰主要取决于它的产业结构的优劣，而产业结构的优劣又取决于地区经济部门，特别是其主导专业化部门在工业生命循环中所处的阶段。如果一个地区的主导专业化部门主要是由处在创新阶段的兴旺部门所组成，这种地区被列入高梯度地区；如果一个地区的主导专业部门都是由那些处在成熟阶段后期或衰老阶段的衰退部门所组成，这种地区属于低梯度地区。创新活动包括新兴产业部门、新产品、新技术、新的生产管理与组织方法等大都发源于高梯度地区，随着时间的推移，生命循环阶段的变化，按顺序由高梯度地区逐步向低梯度地区转移。梯度理论表明区域间经济发展水平的梯度差异是产业转移发生发展的客观基础。

同时，由于存在多种不同经济发展水平的区域，使得区域间存在着错综复杂的产业转移关系：发达区域不仅可以向次发达区域转移产业，也可以向发展中区域转移产业；而次发达区域也可以向发展中区域转移产业。随着区域经济的不断发展变化，这一关系更趋复杂。产业从发展中区域转移到发达区域的现象是很少的，通常只是孤立的生产要素如资本、劳动力等从发展中区域流向发达区域。但是，产业转移的方向总是从经济发展水平较高的区域指向经济发展水平较低的区域，这是由区域间经济发展水平的梯度所决定的。产业梯度转移对于双方都有利，是产业转移方和被转移方“双赢”的良性转移。

这一理论还可以从外商直接投资的区位转移角度考虑。由于外商直接投资在各东道国和地区间的不平衡性，所以，投资国的对外直接投资可以在不同东道国之间或同一个东道国内部进行空间转移。

3.3.3.2 “产业聚集力”理论

“产业聚集力”理论是指一个地区产业集中和企业集群发展的程度。生产要素的地域集中、企业的区位集群和交换行为的空间重叠，能使分散个别企业和投资需要解决的能源、供水、交通、区域信息网等公共设施，以及企业外部相关产业上下游供应价值链等产业要素，成为众多企业及外资投资互补发展的共同资源，形成极强的产业集约发展势能和企业成长力量。

产业聚集力产生的群体效率、低交易成本和高回报是外资主动投入的最强驱动力，而产业聚集区域显著的人才、资本和管理的集中度是吸引外资的基本动力。产业聚集力弱是中部地方对外资吸引力差的重要方面，而比较资源吸引力和企业集团控制力也面临吸收外资交易成本偏高的问题。积极推进区域吸收外资空间及条件由改善环境和放宽政策为主向提高产业聚集力为主与外资偏好区域化趋势互动发展的转变，是实现吸收外资快速增长的重要战略选择和主要发展途径。

产业聚集过度也会引发能源、水资源和交通的供应紧张，导致环境质量的下降，从而影响外商投资的积极性。严重的“产业聚集不经济性”会引发外资撤资或转移的问题。

第 4 章
FDI 区位转移的实证经验

前面两章分别从跨国公司投资区位选择理论和空间经济学理论的角度考察了 FDI 区位转移的动因，本章将结合相关理论，从具体实例的角度考察 FDI 区位转移的过程，并从中得出一些有益的启示。由于数据的可获得性问题，有关投资区位转移的数据不易甄别和区分，因此在这里主要采用了案例研究和描述分析的方法。

4.1 企业迁移与 FDI 区位转移

第 3 章已经对企业迁移的概念和内容作了简要阐述。跨国公司海外子公司的迁移（FDI 区位转移）也是企业迁移的一种形式，只不过进行区位转移的主体不是一般的企业，而是跨国公司。跨国公司集团的企业在一个灵活的全球性生产网络中进行经营，可以方便地把企业转移到其他国家，因而它比没有海外投资的企业更倾向于区位转移。

4.1.1 企业迁移与盈利空间界限

企业迁移的决定可以采用史密斯（1971）的盈利空间界限理论进行解释，其基本原理是“能够得到最大利润的区位是总收入超过总费用的最大地点”。他的这一原理是通过空间收入曲线和空间费用曲线来反映的。

如图 4-1 所示，假定空间收入曲线（Spatial Revenue Curve）是一条直线，用 SRC 表示；空间成本曲线（Spatial Cost Curve）用 SCC 表示，这样，空间收入曲线和空间成本曲线相交的点 M_1 和 M_2 为企业盈利的空间界限。在 M_1 和 M_2 之间的任何区位都是盈利的，其中 P 是企业的最大盈利点，即最优区位。假定企业最初选择在最优区位点 P，由于外部环境和企业发展条件的变化，企业的成本曲线由 SCC 变为 SCC′，盈利空间界限由 M_1 和 M_2

分别变化为 M_1'和 M_2'，最大盈利点由 P 变化为 P′。在新的条件下，过去的最优区位变成了造成亏损的不利区位。因此企业要想实现盈利目标，并把利润率提高到目标盈利水平之上，就必须把企业迁移到新的最大盈利点 P′。可以认为，企业把某些活动迁移到更为有利的区位，是其提高盈利水平和竞争力的主要途径之一。

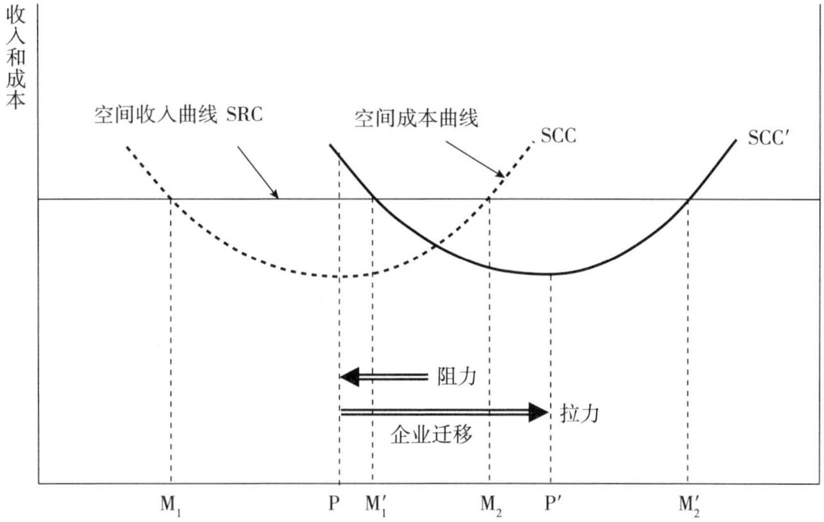

图 4-1　企业迁移与盈利空间界限

一般来说，当企业现有区位处于盈利界限之外时，企业将会考虑采取迁移的办法来提高当前的盈利水平。在这种情况下，企业迁移决策主要由推力因素，即促进企业离开现有区位的因素所驱动。在多数情况下，企业迁移决策主要是由拉力因素，即吸引企业到其他区位的力量所驱动（Van Dijk 和 Pellenbarg，2000）。除了推力因素和拉力因素外，企业迁移决策还取决于一些促使企业待在区位的阻力因素。这些因素主要涉及企业迁移所造成的固定和可变成本（如现有厂房、基础设施等）的损失、维持现有劳动就业关系的支出、来自地方政府的压力以及管理者履行成本的增加等。显然，当来自现有区位的推力和来自目标区位的拉力足够大时，企业才会克服各种阻力做迁移的决定。

企业家经营手段的不同会造成区位模型的变化。假如企业家的经营能力强、水平高，总费用就会降低，否则就上升。这样，经营能力强的企业获得利润的空间范围要比其他同行企业的大，因此，优秀企业家不仅在最佳区位能够获得较大的利润，而且区位空间选择范围也相对较大。

政府的区位补贴或高额税收等区位政策也会造成区位变化。通常，国家为了开发落后地区或为了某种政治需要，对在某些指定地区布局的企业给予各种优惠条件以吸引企业的投资；同时也有相反的情况，即为了限制某些地区进一步发展工业而制定一些区位投资限制政策减少工业的集聚，结果出现本来亏损的区位却能够盈利，而应该盈利的区位却出现亏损的现象。

总之，总收入和总费用的空间变化能够形成利润极大的最佳区位，与此同时，也可以形成空间界限，即超过此界限就不可能得到利润。但是，在空间界限内如果不是追求利润最大的话，企业可自由布局，这一点对追求全球布局的跨国公司尤为重要。

4.1.2 要素成本对区位转移的影响

下面的这个案例显示了劳动力成本之类的成本因素对于跨国公司投资区位转移的影响①。

1995 年和 1998 年，比利时分别有两家大型的服装制造商做出了企业区位转移的决定，它们是 Lee 和 Levi Strauss。由于工厂迁移到国外，Lee 解雇了 480 名职工，而在 Levi Strauss 有 900 名职工失业。在一次招待会中，Levi Strauss 的发言人声称“比利时的工资太高了”。Lee 的数据显示，比利时一个工人每小时可得到 540 比利时法郎（248 比利时法郎大约相当于 1 欧元），而 Lee 公司在欧洲其他工厂的工资为：爱尔兰和北爱尔兰每小时 248 比利时法郎，马耳他每小时 171 比利时法郎，波兰每小时 72 比利时法郎。比利时的劳动成本较高，因此劳动密集型企业在比利时处于竞争劣势地位。当意识到工资相当于增加值的 78%时，劳动力成本因素立即成为服装厂区位迁移的重要因素。

比较成本与收益，长期利润最大化或损失最小化是跨国公司的目标。跨国公司从自己的利益出发，认为撤资能给自身带来收益，减少利润损失时，跨国公司就会做出撤资的选择。跨国公司根据自身的状况和外部经营环境，在不同的变量如撤资壁垒、成本、风险、收益之间做理性权衡。这种比较优势只有跨国公司在存在潜在需求和成本差异的几个国家间进行投

① 案例摘自 Leo Sleuwaegen 和 Enrico Pennings 的文章 *New Empirical Evidence on the International Relocation of Production*，他们对比利时外商投资企业的区位转移行为进行了实证分析。

资时才能体现。因此，跨国公司有必要在多个市场保持一定的投资，在跨国公司海外子公司中处于比较劣势的子公司则可能被关闭或易址。

国际化生产网络使跨国公司在其投资生产的某个国家发生经济危机或波动时，能够从容地将生产转移到国际生产网络内的其他国家，而不需要庞大的撤资成本。这种经营灵活性使跨国公司拥有国际生产的机动性价值。当东道国的相对成本和市场条件在未来存在不确定性的条件下，拥有国际化生产网络的跨国公司，倾向于选择易址的撤资模式。

另外，撤资模式的选择也存在“羊群效应”，经济、制度的环境压力可以使跨国公司在进行撤资模式选择时参考其他公司的反应。

4.1.3　公共补贴对区位转移的影响

下面的这个案例显示了公共补贴之类的政策因素对跨国公司投资区位转移的影响①。

1992 年欧洲委员会批准了 Interreg 项目，该项目给予比利时西南部的 Henegouwen and Nord－Pas－de－Calais 地区及其邻近的法国北部地区总额 3890 万欧元的公共补贴。投资于该地区的企业将获得不少于投资成本 25% 的资助；当多于 20 个雇员被雇用后，总资助上升到投资成本的 40%。在比利时的一些外资企业被这种类型的公共补贴所吸引，从而决定把自己的企业迁移到这一地区。因为该地区非常靠近比利时的核心区域和许多繁华地区，所以补贴带来的好处远远大于因稍微迁离最佳投资区位而造成的潜在损失。

对于东道国或提供资助的国际机构来说，关注焦点是公共补贴在促进相似或邻近地区之间区位转移方面所带来的扭曲性作用。因为在大多数的例子中，公共补贴的提供方式各种各样，尤其针对特定的企业和地区，是由企业和地方政府讨价还价决定的，所以在以前的实证决策模型中无法用一个独立的决定因素来概括，所能做到的只是根据过去的经济发展情况来评估公共补贴对于区位转移决定的影响程度。

Leo Sleuwaegen 和 Enrico Pennings 用问卷调查的方式考察了公共补贴对企业区位转移决定的影响。

---

① 案例摘自 Leo Sleuwaegen 和 Enrico Pennings 的文章 *New Empirical Evidence on the International Relocation of Production*。这两种区位转移的动因虽然有所不同，但是跨国公司遵循了相同的逻辑：在把生产由一个区位转移到另一个区位时，考虑了生产成本和运输成本之间的权衡（而产品所供应的市场基本是一致的）。

图 4-2 显示了企业区位转移的目的地和对“区位转移时是否考虑了公共补贴”这一问题的回答之间的关系。从图中可以直观地看出，转移到邻近地区或非邻近地区的决定与公共补贴之间没有相关关系。

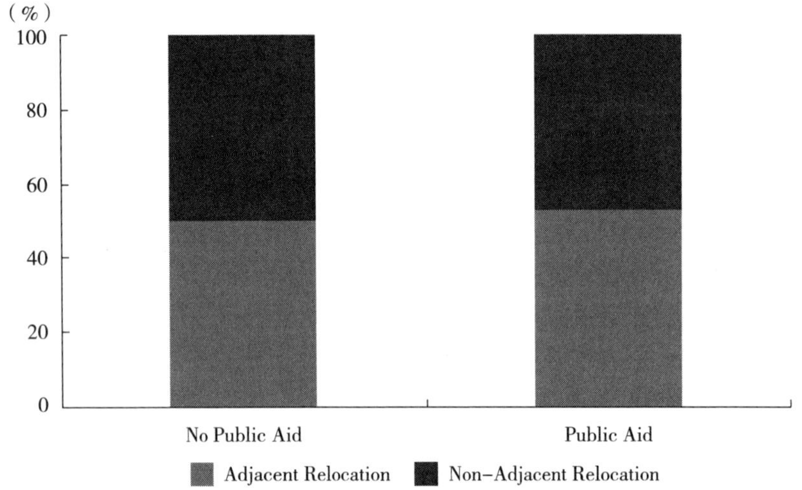

图 4-2　公共补贴与企业区位转移决定之间的关系

图 4-3 显示了企业区位转移的目的地与对“公共补贴是否是决定性的”这一问题的回答之间的关系。图形显示几乎所有回答“公共补贴是决定性的”企业都转移到了邻近的国家，即两个变量之间存在依赖关系。因

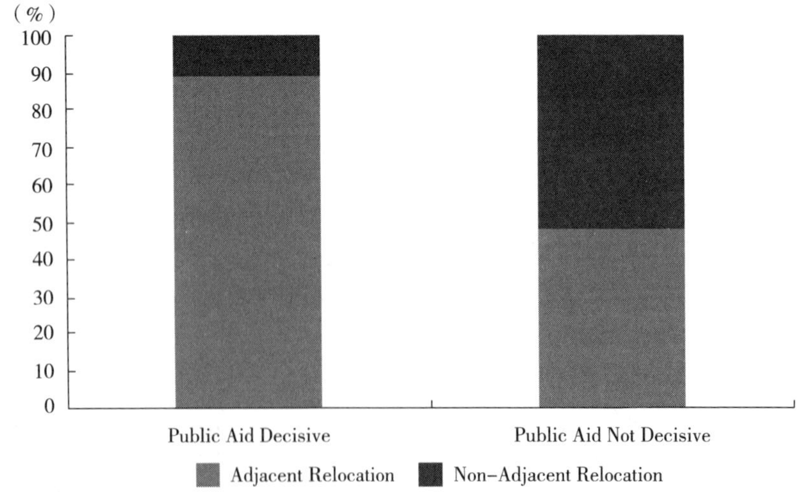

图 4-3　对公共补贴的重视程度与企业区位转移决定之间的关系

此，虽然图 4-2 表明公共补贴并不是区位转移地区的决定因素，但是如果不转移就不会获得公共补贴收益的企业还是转移到了邻近的国家。

这一案例发现对公共补贴敏感的实例主要与转移到的邻近国家有关，它可以给政策制定者带来有益的启发。

4.2　产业转移与 FDI 区位转移

本节从产业转移的角度（以制造业为例）来分析国际直接投资的区位转移。产业转移，特别是制造业的产业转移，是当前经济全球化条件下的一个普遍现象。当产业转移的目标区位指向国外时，同时也就形成了跨国公司的对外直接投资。而如果跨国公司由于不同目标区位投资环境的变化，把海外生产地点再次进行转移，由某一初始区位转移到另一区位，这时就发生了 FDI 的转移（区位再选择）。

4.2.1　制造业的国际转移

全球的制造业高度集中于少数国家和地区，4/5 的制造业生产集中在北美、西欧和日本，但是，发展中国家的制造业占全球的比重从 20 世纪 50 年代以来逐渐上升，至 90 年代末期达到 20%以上。制造业的重要性在发达国家也发生了显著变化，如美国占全球制造业的比重从 20 世纪 60 年代的 40%下降到目前的 25%，而日本在同时期从 5%上升到 20%以上。在发展中国家，制造业增长最快的是东亚和东南亚国家，最慢的是非洲大陆。

关于制造业为什么要从一个国家向其他国家转移的问题，“雁行模式”产业转移假设和产品生产周期理论提供了经典的解释。“雁行模式”产业转移假设的提出是为了解释日本产业向东亚和东南亚国家的转移，其主要论点是日本失去比较优势的产业向在该产业拥有比较优势的国家转移。这个假设后来被进一步扩展，解释其他亚洲国家或地区的产业国际转移，如韩国和东南亚国家。根据产业周期论，产业从创新、增长到标准化生产，其区位也从发达国家向发展中国家转移，主要原因是产品需求和生产成本结构的变化。这两个理论解释实际上都是新古典贸易理论的扩展，强调资源禀赋决定国际生产的区位。但在经济全球化的今天，制造业国际转移绝不是仅仅为了寻求低生产成本或比较优势那么简单。许多其他因素，如公司战略、政府政策、技术进步和市场条件变化等都是制造业国际转移的重要诱导因素（Dicken，1998）。

制造业国际转移菱形分析框架如图 4-4 所示。影响制造业国际转移的因素有市场条件、生产条件、公司战略以及政府政策。这些因素之间相互作用，共同影响特定产业的国际转移，其中每类因素又包括许多特定因素。

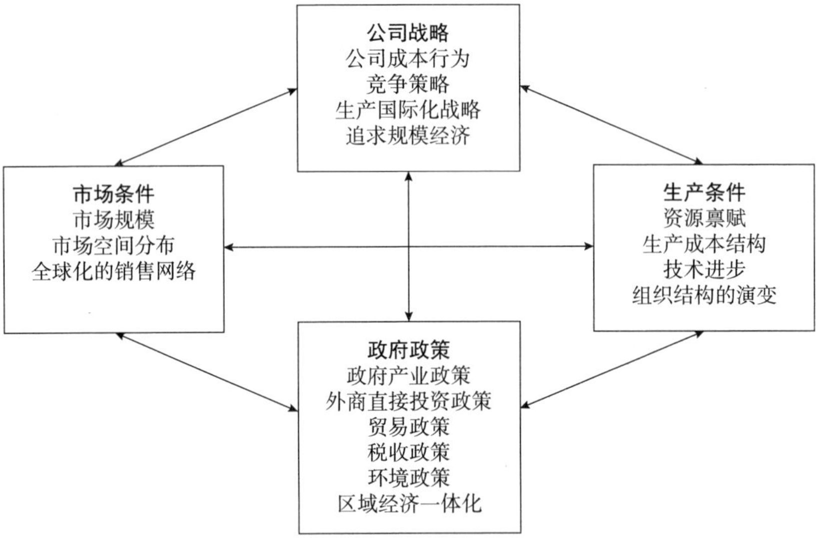

图 4-4　制造业国际转移菱形分析框架

（1）市场条件：市场需求是影响制造业区位和生产水平的基本要素。产品需求弹性、市场规模与市场扩张速度以及国内外市场的差异尤其影响市场寻求型和追求规模经济的产业的国际转移。此外，零售商的国际化及其发展策略也是促进制造业国际转移的重要因素，如沃尔玛等大型连锁超市的国际化和它们的采购策略显著促进了服装业市场的高度集中，这样送货时间和成本对服装业的生产同等重要。

（2）生产条件：包括各个国家的资源禀赋差异和比较优势、产业链中各阶段的生产成本结构及其变化、产业生产组织方式、技术进步等。如中国香港、东南亚、韩国、日本等经济的产业结构升级换代，劳动力成本大幅度提升，失去比较优势的劳动力密集型产业大规模转移到中国。20 世纪 70 年代以来，汽车工业从“福特主义”的集中大规模生产转向“灵活生产系统”，使得汽车生产公司可以将零部件生产或汽车组装过程转移到中等发达国家或发展中国家。交通通信技术的飞速发展大大促进了信息、服务、货物等国际交换和新的国际劳动分工。

（3）公司战略：制造业的国际转移受到产业内公司的经营战略的影响，如公司的成本行为、市场扩张战略、国际化战略等。为了维持国际竞争力，公司可能采取在大型市场进行大规模生产以追求规模经济从而降低成本，或者转移到国外成本较低的区位通过国际贸易来服务大型市场；公司还可以采用出口、生产许可转移或直接投资的方式扩张国外市场；公司也可以将市场内部化或采用国际分包的方式将其生产国际化，很多汽车生产公司都采用“世界车”战略，这种战略依赖全球生产的一体化，汽车组装在母国或其他国家，零部件生产散布亚洲、美洲和欧洲。公司采取的各种经营战略直接影响制造业的国际转移。

（4）政府政策：各国的产业政策、贸易政策、外商直接投资政策、环境政策、税收政策以及参与区域一体化的程度等政策环境也是影响制造业国际转移的重要条件。国家可以制定鼓励或限制某些产业发展的政策，保护性的贸易政策可能诱导跨国公司的直接投资；许多发展中国家开放国门，制定各种政策、税收优惠政策来吸引外商直接投资；发达国家苛刻的环境政策迫使一些污染严重的制造业转移到发展中国家；参与欧洲一体化进程的边缘国家，如西班牙、爱尔兰近年来成为欧洲传统产业的目的地；在北美，自从《北美自由贸易协定》签订以来，许多美国的劳动密集型产业转移到墨西哥与美国边界地区以利用其廉价劳动力，并同时接近美国国内的市场。

4.2.2　区位优势相似东道国之间的投资转移

如果几个东道国区位优势比较相似，在利用 FDI 过程中竞争性和替代性较强，那么这些东道国一些影响区位优势的宏观经济变量的相对变化，将会引起母国跨国公司投资区位的重新选择，这些宏观变量主要包括以下几个方面：

（1）市场。市场潜力是决定跨国公司直接投资的最重要因素。尽管市场寻求型的直接投资并没有非常明显的竞争性，但是在特定时期跨国公司存在资金约束时，则倾向于投资拥有最大市场潜力的东道国。

（2）劳动力成本。在效率寻求型的直接投资中，劳动力成本的作用非常突出，一国在跨国公司外包中所占的份额，一般与该国的劳动力成本

（生产成本）成反比，与潜在东道国的劳动力成本（生产成本）成正比；另外，在出口平台型的国际直接投资中，投资者将投资集中到一个劳动力成本低、贸易成本小的东道国，然后以该东道国作为生产和出口基地，通过出口来获得周边国家的市场，因此，该东道国的 FDI 显然转移了原先将流入周边国家的 FDI。

（3）政策变量。东道国的优惠政策如税收减免、财政激励等在其吸引 FDI 过程中发挥了重要的作用。当前，东道国普遍实行投资自由化，各国尤其是发展中国家之间利用优惠政策进行引资竞争非常激烈。这种政策竞争扭曲了 FDI 的流向，并且引致了东道国高昂的政策成本。

总之，当一国的投资环境相对于其潜在竞争对手改善时，那么在该国的生产成本和经营成本相对下降，资本的逐利性促使跨国公司在新增投资时首先选择该国，从而对其他相关国家和地区形成“挤出”，这种挤出既包括绝对数量的挤出，也包括相对份额的挤出。特别是东道国经营环境相对改善以后，提高了跨国公司在其他国家经营的机会成本，如果这种机会成本超出了将投资转移到该国引致的成本（包括在其他国家的固定资产等沉没成本等），则会引起跨国公司将在其他国家的投资转移到该国，即存量调整。

4.2.3 日本和美国对中国及东盟和 NIEs 的投资变化

以日本和美国对中国及东亚其他国家和地区（包括东盟和“亚洲四小龙”）的投资变化为例，可以看出伴随着产业的国际转移，FDI 也会在不同东道国之间进行转移。表 4-1 展示了第二次世界大战后亚太地区国际性产业调整与转移情况，其中一部分产业转移的过程也体现了日本、美国对外直接投资目标区位的转移。

表 4-1 “二战”后亚太地区国际性产业调整与转移情况

50 年代	美国→	日本（资本密集型产业）
60 年代	美国→	日本（技术密集型产业）
	美国、日本→	“亚洲四小龙”（劳动密集型产业，部分资本密集型产业）

续表

70年代	美国←——————→	日本（技术密集型产业）
	美国、日本→	“亚洲四小龙”（资本密集型产业）
	美国、日本、“亚洲四小龙”→	东盟（劳动密集型产业）
80年代	美国←——————→	日本（知识、技术密集型产业）
	美国、日本→	“亚洲四小龙”（标准化资本、技术密集型产业）
	美国、日本、“亚洲四小龙”→	东盟（劳动密集型产业，部分资本密集型产业，低技术密集型产业）

由于经济发展水平和产业结构的相似，中国和东盟国家在吸引FDI方面竞争激烈。在吸收FDI的业绩上中国和东盟国家存在巨大反差，1990年东南亚地区吸引的FDI是中国的4倍，2002年中国则是它们的4倍。2002年、2003年，中国吸收的FDI流量分别达到527亿美元、535亿美元，连续两年成为世界上最大的FDI东道国。同期，马来西亚利用FDI从32.03亿美元下降至24.74亿美元，菲律宾从17.92亿美元下降到3.19亿美元，印度尼西亚则长期是净资本流出国；马来西亚、菲律宾、印度尼西亚的FDI流入业绩指数（FDI Inflows Performance Index）世界排名从历史上最高的第3位、第30位、第50位分别降到2003年的第75位、第139位和第96位（World Investment Report 2004）。中国作为引资大国是否影响了周边国家吸引FDI的能力，从而形成了FDI的转移，已引起了普遍关注。

4.2.3.1　日本对中国及东盟四国和NIEs的投资变化

日本对发展中国家的直接投资具有“边际产业转移”的特征，即将本国内竞争力日益消失的产业如劳动密集型的纺织业、电子产品的组装业向外转移。这种类型的直接投资主要集中在东南亚地区，从表4-2中可以看出，中国、东盟四国、“亚洲四小龙”（NIEs）利用日本FDI占日本对亚洲投资总额的97%以上，占其世界投资总额的比重也达到了20%左右。

表4-2　1989~2003年日本对中国及东盟四国和NIEs的国际直接投资额

单位：亿日元

国家 年份	中国	印度尼西亚	马来西亚	菲律宾	泰国	韩国	新加坡	中国香港	中国台湾	亚洲总计	世界总计
1989	587	840	902	269	1703	799	2573	2502	662	11003	90339

续表

年份＼国家	中国	印度尼西亚	马来西亚	菲律宾	泰国	韩国	新加坡	中国香港	中国台湾	亚洲总计	世界总计
1990	511	1615	1067	383	1696	419	1232	2610	653	10343	88527
1991	787	1628	1202	277	1107	357	837	1260	554	8107	56862
1992	1381	2142	919	210	849	291	875	966	376	8316	44313
1993	1954	952	892	236	680	289	735	1447	343	7672	41514
1994	2683	1808	772	683	749	420	1101	1179	292	70084	42808
1995	4319	1548	555	692	1196	433	1143	1106	439	11921	49568
1996	2828	2720	644	630	1581	468	1256	1675	587	13083	54095
1997	2438	3085	971	642	2291	543	2238	860	552	14954	66236
1998	1377	1428	668	488	1798	389	839	818	287	8555	52780
1999	858	1070	588	771	934	1094	1158	1088	320	8196	75292
2000	1114	464	256	514	1030	902	505	1045	564	6638	54193
2001	1819	785	321	989	1106	704	1435	436	402	8307	40413
2002	2152	644	98	500	614	763	917	253	457	6910	44930
2003	3553	732	523	222	711	321	364	447	172	7233	40795

资料来源：日本对外贸易振兴会（JETRO）. 国际贸易和国际直接投资白皮书，2004.

近 20 年来，中国整体投资环境得到改善，吸引 FDI 取得了巨大的成就，中国在和东盟四国、NIEs 的竞争中处于优势，使日本跨国公司在做投资决策时表现出了偏好中国的倾向。JETRO 调查了日本跨国公司认为最理想的前十名投资东道国和地区（见表 4-3）。在 1996 年、2000 年、2001 年的调查中，中国的得票率均高居榜首，分别有 68%、65%和 85%的日本跨国公司把中国列入最理想投资地区的前十名，而且相对于其他国家和地区的优势逐渐拉大；2001 年，中国的得票率比第二名的美国高出 53 个百分点。东盟四国和 NIEs 的投资地位则相对下降，1996~2001 年，泰国从第二位下降到第三位，印度尼西亚从第三位下降到第四位，马来西亚从第六位下降到第九位，菲律宾则跌出前十名，而且四个国家得票率的绝对值都下降了 10 个百分点以上。NIEs 中韩国和中国台湾保持低位持平，新加坡和中国香港则很少或从未进入前十名。

表 4-3　日本跨国公司认为最理想的前十名投资东道国和地区（按得票率排名）

排名	1996 年	比率（%）	2000 年	比率（%）	2001 年	比率（%）
1	中国	68	中国	65	中国	85
2	泰国	36	美国	41	美国	32
3	印度尼西亚	34	泰国	24	泰国	25
4	美国	32	印度尼西亚	15	印度尼西亚	14
5	越南	27	马来西亚	12	印度	13
6	马来西亚	20	中国台湾	11	越南	12
7	印度	18	印度	10	中国台湾	11
8	菲律宾	13	越南	9	韩国	8
9	新加坡	10	韩国	9	马来西亚	8
10	英国、中国台湾	7	菲律宾	8	新加坡	6

资料来源：JETRO（2001）。

日本跨国公司投资偏好改变的结果是更多地在中国投资，因此，中国吸收日本的 FDI 对东盟四国和 NIEs 产生了某种投资转移效应。随着中国经济的发展，这种转移效应在可预见的将来将会持续，甚至会有所加强。JETRO 一项对 670 个日本跨国公司的调查发现，21.7%的跨国公司在 2001~2004 年已经或准备将投资转移到中国。表 4-4 显示，在这些来源地中，日本居首，NIEs 次之，东盟四国总计占 6%。由于跨国公司将生产、服务设施从日本转移到中国，实际上就是对中国新增投资，因此，目前对中国的投资转移主要是一种增量转移，而不是存量调整，因为，日本 FDI 并没有大规模地从其他东南亚地区向中国转移①。

表 4-4　计划向中国转移投资的日本跨国公司的区域分布

来源国（或地区）	比重（%）	来源国（或地区）	比重（%）
日本	67.5	东盟四国	6.0
韩国	1.2	其中：印度尼西亚	1.2
新加坡	1.8	马来西亚	3.0

① 事实上，仍然有一些存量调整的例子，如 2002 年 5 月，NEC 宣布关闭其在马来西亚的工厂，将 70%的计算机生产企业转移到中国。

续表

来源国（或地区）	比重（%）	来源国（或地区）	比重（%）
中国香港	9.0	菲律宾	1.2
中国台湾	6.6	泰国	0.6
美国	4.2	其他亚洲国家	1.2
英国	1.2	墨西哥	1.2

资料来源：JETRO（2001）。

4.2.3.2 美国对中国及东盟四国和 NIEs 的投资变化

美国对外投资的区位一直是以欧洲和加拿大为主，其中欧洲约占50%，加拿大约占12%。20世纪90年代中期以来，亚太地区在美国FDI中的地位迅速上升，亚洲吸收美国的FDI占美国对外投资总额的15%以上。除日本外，中国香港、新加坡、中国、韩国是亚洲吸收美国FDI最多的国家和地区，1994~2003年所占的平均比重分别为14.32%、13.14%、7.51%和7.03%，其他地区的比重为3%左右。这一引资格局的形成是由于20世纪80年代中后期，美国将很大一部分电子信息产业从东南亚地区转移到了中国，从而迅速提升了中国利用美国FDI的地位。

从表4-5中可以看出，1994~2003年，中国利用美国FDI相对稳定，其他国家和地区则存在大起大落的现象。从绝对数量看，除了中国、印度尼西亚和韩国外，其他国家和地区在个别年份都出现过美国直接投资净流入量为负的情况，即当年美国从该国撤资的数量大于对其新增的投资；反映在相对份额上，中国香港十年间的平均比重为14.3%，但是其中最低值和最高值分别为4.4%和27.4%；新加坡的平均比重为13.14%，但是最低值和最高值分别为1.8%和26.92%，波动幅度非常大。另外，值得注意的是，1997~1999年东南亚金融危机期间，美国从马来西亚、菲律宾、泰国和中国台湾地区大规模撤资时，中国利用美国FDI却出现了迅猛的增长，三年的增长率分别达到了34%、19.8%和30.1%。

表4-5 1994~2003年美国对中国及东盟四国和NIEs的国际直接投资额

单位：百万美元

年份＼国家	中国	印度尼西亚	马来西亚	菲律宾	泰国	韩国	新加坡	中国香港	中国台湾	亚洲总计	世界总计
1994	1232	2061	553	414	703	390	1836	1979	711	13437	73252

续表

年份＼国家	中国	印度尼西亚	马来西亚	菲律宾	泰国	韩国	新加坡	中国香港	中国台湾	亚洲总计	世界总计
1995	261	519	1037	269	686	1051	947	631	419	14342	92074
1996	933	956	1298	738	849	752	2760	1690	290	15363	84426
1997	1250	21	733	107	-16	681	3697	3759	702	13733	95769
1998	1497	461	-470	287	424	631	261	1880	-647	14715	131004
1999	1947	505	-250	-255	1103	2557	3863	4447	1010	30831	209392
2000	1817	683	1787	480	722	2338	3688	4922	951	22449	142627
2001	1912	985	1206	970	1286	1206	5593	4787	1027	12927	124873
2002	875	—	-609	-669	1433	1681	530	1226	634	23177	134946
2003	1432	—	503	-488	-622	1030	-153	-232	873	14120	119406

注：— 表示数据暂缺。

资料来源：美国经济分析局（BEA）的统计数据。

最后，对 FDI 在不同东道国之间的增量转移可以借用经济学中个人对两种产品的消费组合来进行简要分析。

将来自第三国（如日本或美国）的 FDI 流量作为个人可支配收入，预算约束线的位置代表 FDI 流量水平，FDI 在中国和一个东南亚地区（如马来西亚）的分配作为一个消费组合点，中国和马来西亚的整体投资环境作为投资两个国家的价格，投资环境越好则价格越低，投资环境越差则价格越高。

如图 4-5 所示，当初始 FDI 流量为 I 时，中国和马来西亚所得 FDI 数量的组合点为 E 点。当 FDI 总流量增加时，如果两国的投资环境没有发生相对变化，则在新的 FDI 流量水平 I′下，中国和马来西亚吸收 FDI 数量的组合点变为 E′，两国在日本或美国 FDI 中的份额保持不变，即两国吸收 FDI 的增速与总 FDI 流量的增速是一致的；但是由于相对投资环境发生变化，实际 FDI 将会偏离 E′，如中国劳动力价格相对下降，法律法规日臻完善，加入 WTO 以后投资风险降低都改善了中国相对于马来西亚的投资环境，这种变化反映为预算约束线的斜率减小，这时，两国实际 FDI 的分配组合将位于 E″点，即中国投资环境的改善使得 FDI 更多地向中国流动。

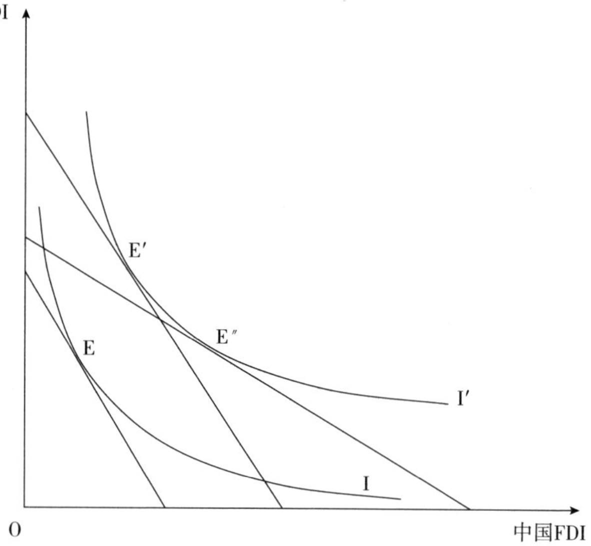

图 4-5　FDI 在不同东道国之间的增量转移

第 5 章
FDI 在中国的区位选择因素和区位转移模式

中国改革开放的重要成就是吸引了全球跨国公司的关注。20 多年来，大量跨国公司的直接投资流入中国境内，成为中国经济增长的强大助推器，并将中国经济纳入全球经济体系。然而，中国的外商直接投资在空间分布上极不均衡，这主要表现在东部沿海地区与中西部地区之间的不均衡。据统计，1979～2005 年，东部地区实际利用了 86.5%的外商直接投资，有 9%流向了中部地区，而西部地区吸引的外资只有 4%①。20 世纪 90 年代以来，中部地区吸引的外商直接投资比重有所上升，达到了 10%以上，但西部地区即使是在实行西部大开发战略后仍然没有成为外商直接投资的重要区位。本章将分析外商直接投资进入中国时所考虑的区位选择因素及其区位转移②模式。

5.1 外商直接投资对我国区位选择因素的动态性要求

5.1.1 FDI 在中国的发展历程

1979 年中国开始实施改革开放政策，允许外资进入中国，时至今日，中国吸收了大量的外商直接投资。20 多年来，外商对华直接投资无论是在规模上还是在空间分布上都发生了根本性的变化。

① 商务部外资司. 中国外商投资报告（2006）[EB/OL]. 中国投资指南，http://www.fdi.gov.cn.

② 本章研究的是 FDI 在同一东道国内部不同地区之间的转移。另外，FDI 区位转移可以分为完全转移和部分转移（增量转移）两种，本章一并分析，未做具体区分。

中国的外商直接投资在20世纪80年代经历了一个缓慢的试探阶段，大多数外商投资者最初投资规模较小，主要目的是收集中国市场的信息、学习中国市场上的商业经营规则并且评估进一步投资可能面临的风险和潜在收益。随着各项政策的出台和外商对中国投资环境的熟悉，跨国公司逐步增强了在中国投资的信心，加大了对中国的投资规模。90年代以后，外商对华直接投资迅速增长，中国成为吸引外商直接投资最多的发展中国家，在世界范围内也位居前列。1990~1999年，中国实际利用FDI增长了10.6倍、年均增长31.3%，远高于同期全球FDI流入量增长4.31倍、年均增长20.4%的水平。21世纪以来，中国加入WTO和西部大开发战略的实施，为更多外资进入中国创造了机会，外商对华直接投资又掀起了一次新的高潮。截至2005年底，全国累计批准设立外商投资企业552942家，合同外资金额12856.73亿美元，实际使用外资6224.26亿美元，来华投资的国家和地区近200个，世界500强企业约有470家在华投资，外商投资设立的各类研发机构超过750个。据联合国贸发会议调查，2006~2008年，中国仍是对跨国投资最具吸引力的国家。中国实际FDI注入量如图5-1所示。

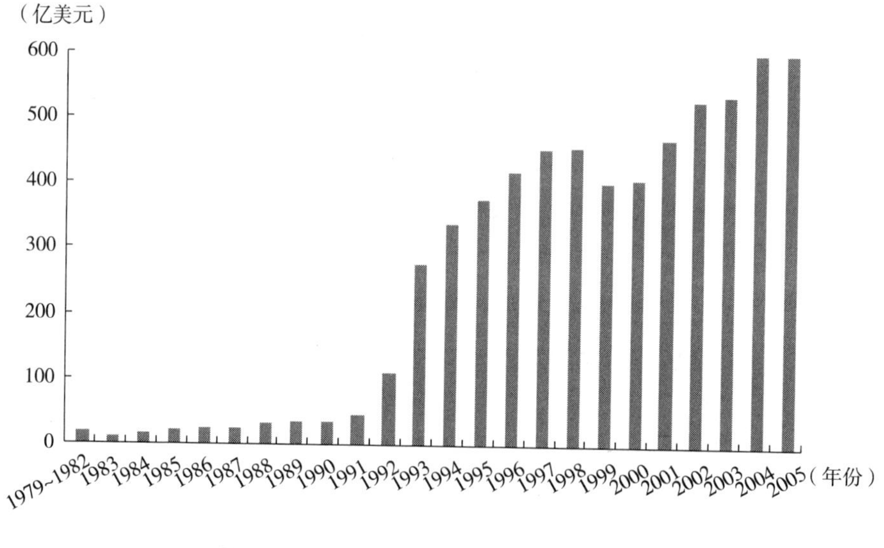

图5-1　1979~2005年中国实际FDI流入量

资料来源：商务部外资司. 中国外商投资报告（2006）[EB/OL]. 中国投资指南，http://www.fdi.gov.cn.

在外商对华直接投资的发展历程中，FDI的空间分布也有了很大的变化。1991年以前，广东的FDI占全国FDI总量的40%多，福建的FDI占10%左右。在20世纪80年代和90年代早期，广东和福建的FDI中的大部分来源于香港和台湾。这主要是因为广东、福建与香港和台湾之间在语言、文化、生活习惯等方面的渊源。事实上，1984~1990年，香港对内地的投资占到FDI总量的50%以上（Wei，1995）。

1992年，邓小平南方谈话后，中国实施了新的外资政策，放宽了对外商投资的限制，开放了更多的地区，FDI开始流入更多的省份。中国的FDI流入量持续增加和开放地区的增加，使得中国各省份在吸引FDI的过程中处于平等的竞争地位。在这一阶段，虽然广东省的FDI流入量在绝对数量上仍然远远高于中国的其他省份，但是1990年广东省的FDI流入量占全部FDI流入量的比例已经下降到了46%，1995年更是小于28%。1995年在中国吸引FDI最多的省份排名中，江苏排在第二位，FDI流入总量为28亿美元，占全国FDI流入量总量的14%，而在1983~1986年这个比例仅为2%。截至2005年底，全国累计实际利用外资金额最多的五个省市是：广东省（1516.57亿美元）、江苏省（898.48亿美元）、上海市（553.94亿美元）、山东省（529.32亿美元）和福建省（478.51亿美元），广东省的比例进一步下降为24.76%，江苏则为14.67%。总体上看，外商直接投资存在一定的“北上、西进”的转移趋势，其中长江三角洲地区作为FDI的目标区位将越来越重要。

外商直接投资的规模变化和空间分布的变化，说明吸引FDI进入中国的因素可能发生了变化，或者至少早期的驱动因素的重要性发生了变化。

5.1.2 从FDI在我国发展的各个阶段看区位因素的变化

根据外商直接投资的规模和空间分布，中国吸引FDI的过程可以大致分为四个阶段：

（1）第一阶段：1979~1983年。

1）概况。1979年，我国颁布了《中华人民共和国中外合资经营企业法》，并在广东和福建两省设立了四个经济特区，在特区内实施特殊的外资政策。在这个阶段，中国吸引的FDI总量很少，而且高度集中在这四个特区内。在这五年内，中国实际利用外资总额只有26.85亿美元，平均每年只有5.37亿美元。

2）该阶段影响外商直接投资的因素及外商直接投资在中国所面临的

局限性及其原因。1979 年，由于中国的改革开放刚刚开始，中国第一次打开国门，所以许多政策的制定都是探索性的，也比较谨慎。例如《中华人民共和国中外合资经营企业法》中规定，合资企业的形式为有限责任公司、外国投资者的投资比例不得低于 25%、董事长必须由中方人员担任等。这些都可以看出，这一阶段中国的开放程度比较小，进入中国的外资也是试探性的。而香港和台湾与广东省和福建省在生活习惯、语言文化、地理位置等方面都有密不可分的渊源，有着天然的其他地区不可比拟的优势，因此，这一阶段进入中国内地的 FDI 主要来源于港台地区。

港台地区的外商之所以选择中国内地（尤其是广东和福建两地），除了前面所提到的政策、文化和区位等方面的原因外，还有一个重要的原因是港台地区生产成本的大幅提高。香港和台湾在经历了多年的经济高速增长之后，土地价格和劳动力成本大幅攀升。港台地区优越的自然地理条件和出口导向型的发展战略决定了大部分的企业以出口为主，而生产成本的提高必定会降低产品在国际市场的竞争优势。因此，许多企业纷纷到内地来投资建厂，仅把总部留在港台，它们所看重的就是内地廉价的土地和劳动力。

在这一阶段，中国的商业便利化措施几乎没有。各地区往往只注重土地和劳动力的价格是否低廉，在投资促进、投资激励和投资后服务等方面几乎没有任何的措施。究其原因，主要有两个方面：一是香港和台湾的外商到内地来投资，只看重土地和劳动力，其他方面由于对他们的战略实施不会产生很大的影响，所以他们自身也不会考虑。因此，作为其主要接纳国，中国吸收投资的性质也主要限于劳动密集型产业。二是由于此阶段我国刚刚实行改革开放，许多先进的理念也没有机会接触。所以，这一阶段各地政府工作的重点是尽可能压低土地的价格、降低劳动力的工资水平，从而吸引到更多的 FDI。

（2）第二阶段：1984~1991 年。

1）概况。1984 年，中国开放了海南省和十个沿海省份中的 14 个城市，FDI 流入总量大幅提高。在 1986 年和 1988 年，中国又相继颁布了《中华人民共和国外资企业法》和《中华人民共和国中外合作经营企业法》，从法律上明确规定了国家对外资企业不实行国有化和征收，保护外资企业的合法利益，放宽了对外商投资的限制。1984~1988 年，中国吸引 FDI 的总量为 111.27 亿美元，平均每年 22.25 亿美元。然而到了 1989 年，中国的 FDI 流入总量大幅下降。1989 年，FDI 流入量的增长率下降到了 6.2%，1990 年只有 2.8%。虽然 1991 年增长率又恢复到了 25.2%，但是这一阶段年平均增长率只有 11%，而 1984~1988 年的年均增长率却是 38. 1%。

2）影响外商直接投资的因素及与第一阶段相比的变化。这一阶段，外商直接投资对我国的区位选择提出了新的要求。随着外商企业在中国建厂生产的规模不断扩大，国际市场上的竞争越来越激烈，市场对产品的要求也越来越高，不仅要价廉，还要物美，所以各企业对产品质量的要求越来越高。外商企业在注重成本因素的同时，也越来越注重利润因素，政治经济环境的稳定是它们考虑投资区位的基本条件，而进出口是否便利也是它们考虑的重要因素，因为这一阶段的外商企业仍然是以出口为主，即出口导向型的 FDI 仍然是主流。我国有关外资企业利润汇回和利润再投资的规定，也是外商企业选择投资区位时会考虑的因素。总之，外商企业越来越关心投资区位能否为他们的投资带来最大的收益，而不再只是其成本是不是最低。

（3）第三阶段：1992~2001 年。

1）概况。1992 年，邓小平"南方谈话"极大地推动了中国改革开放的进程，并重新强调了中国的市场经济改革和对外开放的政策，使得中国的外商投资者极大地增强了在中国投资的信心。不仅如此，中国对外开放的力度也在加大，开始将经济特区的成功经验运用到全国其他省份和地区。为了吸引 FDI，中国实施了一系列的政策，并且效果是非常明显的：从 1992 年开始，中国的 FDI 流入量急速增长，1992 年中国实际利用外资额增长了 150%，达到了 110 亿美元；1993 年又增长了 150%，从此以后，一直保持着两位数的增长；1998 年达到了最高峰，总量为 454. 63 亿美元。同时，这一阶段外商独资企业增长迅速，1996 年 FDI 的 40%是外商独资。FDI 的平均资本规模也在增长，以大型基础设施建设和制造业的项目为主。1999 年，由于亚洲金融危机的影响和 OECD 与非 OECD 国家间收购交易的增加，中国的 FDI 流入量下降到了 403. 98 亿美元。2000 年与 1999 年大体持平，为 407. 15 亿美元。2001 年有了较大的增长，为 468. 78 亿美元，年增长率为 15. 14%。

2）FDI 的本质变化及对我国区位选择的新的影响因素的要求。这一阶段，中国吸引的对外直接投资，在规模和性质上都有了很大的变化。FDI 流入量大幅度增长，年平均增长率在 15%以上，有些年份甚至出现了三位数的增长（1992 年和 1993 年）。中国加快了改革开放的步伐，对外资提供了更加优惠的政策，由于庞大的市场需求和廉价的劳动力，中国自 20 世纪 90 年代以来成为世界重要的外商直接投资区位，在 90 年代中期连续多年成为仅次于美国的第二大外商直接投资吸收国。

此外，FDI 的性质也发生了变化。出口导向型的 FDI 所占的比例减少，市场寻求型的 FDI 所占比例越来越大。越来越多的跨国公司意识到，中国是一个巨大的市场，并且非常有潜力，更多的外商企业生产出来的产品已不再是用于出口，而是在当地直接销售。

在这一阶段，大型跨国公司开始对我国进行投资。从 1992 年起，世界著名的跨国公司纷纷前来投资，到 1995 年底，世界 500 强企业中来中国投资的超过 200 家。这些公司的投资项目规模大、技术先进、项目关联性强、内部管理和运作规范，提高了中国相关产业的技术水平和产品竞争力。由于开始时，许多外商企业都是从母国派出质量控制人员，但是这种做法无疑会增加企业的人员成本，所以后来大多数企业都更愿意雇用当地的高质量的劳动力，如技术工人和管理人员等。这一阶段，外商企业看重的是劳动力的质量，而不再仅仅是劳动力的绝对成本。

因此，外商直接投资对我国的区位选择又提出了新的要求：首先，人均 GDP、人均收入等与市场规模和消费水平有关的指标，是跨国公司选择投资区位的新的决定因素；其次，与过去相比，外国投资者在选择投资区位时，所要考虑的东道国政策因素要更加广泛。

（4）第四阶段：2002 年至今。

中国加入 WTO 后，按照国际惯例对待外商投资者，向外资开放更多产业（尤其是服务业），减少外资进入的障碍。同时，“西部大开发战略”的实施，为外资企业进入西部提供了更多的优惠政策。2002 年，中国吸引的外资首次超过美国，成为全球吸引外资最多的国家，实际利用外资金额达 527.43 亿美元，占全球外商直接投资流入总额的 10%以上。2003 年 FDI 流入量为 535.05 亿美元，年增长率为 1.44%；2004 年 FDI 流入量为 606.30 亿美元，年增长率为 13.32%；2005 年 FDI 流入量为 603.24 亿美元，与上一年基本持平。①

在外商直接投资规模持续增加的同时，也出现了一些新的趋势。②

1）外商投资企业研发活动开始向我国扩散。据商务部资料显示，外商投资的独立研发机构总数已经超过 700 家。据联合国贸易和发展会议研究，中国已经取代美国成为跨国公司海外研发活动的首选地，高达 61.8%的跨国公司将中国作为其 2005～2009 年海外研发地点的首选，美国以

① 数据来自商务部利用外资统计和世界投资报告。

② 商务部外资司. 中国外商投资报告（2006）[EB/OL]. 中国投资指南，http://www.fdi.gov.cn.

41.2%位列第二，印度以 29.4%排在第三位。不过，目前在华外资研发机构所从事的活动主要是针对中国市场的适应性研发，技术层次不够高，与本地企业、研发机构的合作较少，“溢出效应”尚待发掘。

2）服务业外商投资日渐成为新热点。我国兑现加入 WTO 的承诺，对外资大幅度开放服务市场，同时服务外包活动已成为全球产业转移的新趋势。我国开展服务外包有着极大的潜力，包括政局稳定、投资环境优良、基础设施完善、人力资源丰富且低廉等。2005 年 3 月，美国 *CIO Insight* 杂志公布了 2005 年《全球外包报告》，综合考虑外包东道国的成本与风险因素后，2005 年全球外包指数印度名列第一，中国列第二位。而未来外包指数（2015 年），中国名列榜首，将成为世界上最具吸引力的外包提供国。

3）并购成为外资进入我国日益重要的新方式。从全球跨国投资的方式看，并购在相当长的时间一直是跨国投资的主要方式。但是，中国由于长期缺乏关于外资并购的法规，并且外资政策取向中更偏重于新建投资，所以并购一直数量较少。近年来，国家关于外资并购的法规逐渐完善，国内市场潜力充分显现，对国际投资者的吸引力越来越大，加之产能过剩，越来越多的行业骨干企业显现出投资价值。在此形势下，并购日益成为外资进入我国的重要方式，如世界最大的啤酒企业 AB 公司收购了哈尔滨啤酒、苏格兰纽卡斯收购了重庆啤酒、比利时英博集团以 58.86 亿元收购了福建雪津啤酒、美国新桥收购了深圳发展银行股权等。虽然并购投资占全部外商直接投资的比重并不高，但由于并购较之新建投资涉及的利益相关者更多，且不少外资并购对象为国内行业骨干企业，因此，近年来不少外资并购案例引起媒体与社会各界的关注。商务部等六部委于 2006 年 8 月 9 日发布《关于外国投资者并购境内企业的规定》，首次允许外国集团使用股权收购中国公司。

4）跨国公司地区总部初露端倪。早期在华外商投资企业，是一个个分散的工厂或子公司、分公司，随着在华子公司数量的增多，需要建立地区总部来加以协调。通常而言，跨国公司的地区总部主要负责一定区域范围内该公司的投资规划、市场研究、政府关系、管理、协调、统筹、融资等运营工作，对人力资源、交通、通信等基础设施的要求较高，一般设立在商业中心城市。吸引跨国公司地区总部，有利于提升城市的经济结构，提高本地劳动力收入水平，促进其现代服务业发展，增强经济活力，培育经济中心城市。跨国公司设立地区总部，主要考虑六个方面的因素，即政局稳定、基础设施（交通、通信）、区位条件（中心城市）、政策与制度环境（市场准入、外汇管理、资金调度的灵活性、人员出入境、货物进出口的便利性、税收、法律与司法以及政府效率等)、现代服务业的支撑（金融、证券、保险、广告、咨询、会计、法律、信息服务业等）和人力资源条件。近年来，三菱、摩托罗拉、诺基亚等著名跨国公司均已经在我国设立地区总部，随着投资环境的进一步改善，必将有更多的跨国公司将其地区总部转到我国内地。FDI 在中国的发展历程见表 5-1。

表 5-1　FDI 在中国的发展历程（实际利用外资）

阶段	FDI 流入量（亿美元）	年均流入量（亿美元）	年均增长率（%）
第一阶段（1979~1983 年）	26.85	5.37	123
第二阶段（1984~1991 年）	223.73	27.97	17.42
第三阶段（1992~2001 年）	3701.69	370.69	17.47
第四阶段（2002~2005 年）	2272.02	568.01	4.58

资料来源：商务部外资司. 中国外商投资报告（2006）[EB/OL]. 中国投资指南，http://www.fdi.gov.cn.

5.1.3　FDI 投资区位的变化对我国区位选择因素的动态性要求

5.1.3.1　对政策框架的动态性要求

在中国吸引 FDI 的早期，外商投资对中国 FDI 政策框架的要求仅仅限于政治环境的稳定、允许进入、承认外资合法性、税收优惠等，但是随着各国吸引 FDI 的竞争日趋激烈，各国纷纷实施私有化政策和自由化政策，许多原是竞争优势的因素成了一国吸引 FDI 的基本必要条件（如开放政策、自由化）。而在政策框架中，由于外国分支机构的标准和待遇的规定、市场机制和市场结构、贸易政策（关税和国际协定）、区域合作框架等因素的重要性越来越高，所以外商直接投资对我国区位选择要素的要求，在 FDI 政策框架方面，也不再仅是低程度的开放。越来越多的 FDI 在进入我国时，会考虑我国的区域一体化进程，如加入 WTO、多边投资协定等。因为一体化的实施关系到 FDI 的载体跨国公司进入国际市场的难易程度，而进入国际市场是跨国公司全球化战略的重要环节，可以极大地提高其在激烈的市场竞争中的比较优势。中国有许多天然的优势，可以使跨国公司比较容易地进入国际市场。出口导向型的 FDI，在东道国投资的目的是希望以低廉的成本获得特定的资源，进而生产出有竞争力的产品，出口到母国或第三国。虽然对于出口导向的 FDI 来讲，东道国的资源禀赋是其选择投资区位的重要决定因素，但是研究表明，因为中国幅员辽阔，地大物博，能够比较容易地进入其他亚洲国家和美洲国家的市场，所以其有战略意义的地理位置，增强了其对 FDI 的吸引力。

自由化程度高的市场机制和市场结构，也是外商直接投资对我国区位选择要素的新要求。跨国公司更愿意将其分支机构设在市场自由化程度高的国家。如果一国内部的政策框架自由化程度高，那么该国在吸引 FDI 的过程中就更有竞争力。市场自由化意味着跨国公司的市场交易成本、信息成本的降低，透明、公开、连贯的政策也可以使跨国公司更容易执行贯彻。这些无疑对外商投资是有吸引力的。2002 年 4 月 1 日，中国公布了新的《外商投资产业指导目录》，这也是中国政府为了提高自由化的程度所做的努力。在此目录中，增加了鼓励类和允许类的产业，很多以前受到政策限制的产业，如汽车、电子、化工、金融等，如今会吸引到更多的 FDI。FDI 的投资范围的增加不但会提高跨国公司的竞争力，还会为东道国带来新一轮的 FDI 流入浪潮。

如今，各国对待 FDI 的态度都是欢迎鼓励，积极地吸引 FDI，但是这不再是吸引 FDI 的充分条件。在过去的十多年中，越来越多的国家，提高了其 FDI 政策框架的自由化程度，对跨国公司开放的程度越来越大。投资者在选择投资区位时，可选择的范围越来越大。因此，虽然某些政策因素的重要性有所提高，但是总体来讲，政策框架因素的重要性降低了，并且已经成为一国吸引 FDI 的基本必要条件。

5.1.3.2　*对经济因素的动态性要求*

早期的 FDI 进入中国，看中的是成本因素，即原材料、低成本的非熟练劳动力和熟练劳动力、运输成本、资源和资产的价格、投入品成本等。由于香港和台湾的经济发展，使得在港台的生产成本大幅上升，迫于竞争的压力，不得不降低成本，而此时恰逢中国的改革开放，内地的劳动力和土地的成本优势对急于降低成本的外商来说，无疑具有很大的诱惑。所以在内因和外因的共同作用下，中国出现了 FDI 流入的第一次浪潮。

随着经济的发展，外商逐渐意识到劳动力绝对成本的低廉已经不够，劳动力的质量（“性价比”）越来越重要。这是因为外商在中国的投资，已经不仅仅是加工环节的投资，而且随之延伸的上下游的投资越来越多。这与中国经济的高速发展和跨国公司本土化的战略密不可分。总而言之，在劳动力方面，外商直接投资对我国的区位选择的要求，从早期的绝对成本低廉，转变为要具有较高的“性价比”。

伴随着中国改革开放的力度加大，越来越多的 FDI 进入中国，此时 FDI 的特性也有所变化。早期，资源寻求型 FDI 占主流，而现在，由于经济发展总体水平提高以及技术与人力资本存量的变化，市场寻求型的 FDI 比例越来越大，所以，以获取市场份额、增加收入为中心的对华直接投资企业日益增加，并随着内陆消费水平的提高，出现了外商对华直接投资推移的趋势。外商直接投资的区位要求也随之变化。此时，外商不仅仅关心在中国经营的成本因素，他们越来越重视在中国的收益。市场寻求型的 FDI 看中的是中国巨大的市场，高速的经济发展所带来的购买力和消费水平的提高。有研究表明，长江三角洲近年来吸引 FDI 的势头强劲，在很大程度上与其生活水平、消费水平较高有关。因此，市场规模和人均收入、市场增长率等因素，是外商新的区位选择要素。

谈到收益因素，就不能不提到生产营销网络。如果外商想增加其在中国的收益，一套完善的生产营销网络是必不可少的。因而，外商对投资区位提出的新要求就是要有良好的上下游配套体系。跨国公司本土化战略对当地的供应商提出了更高的要求，人财物的供应“既要物美又要价廉”。由于营销网络的顺畅既可以降低交易成本，又可以增加收益，所以，如果一个地区上下游的配套体系完备且能良好地运转，这无疑会吸引 FDI 的流入，尤其是市场寻求型的 FDI。

5.1.3.3 对便利化措施的动态化要求及便利化措施在区位选择因素的变化中所起的作用

由于早期进入中国的 FDI 主要来自香港、台湾，而这种 FDI 只看中中国价格低廉的土地和劳动力成本，所以当时在中国根本就没有投资便利化措施。而随着全球吸引 FDI 的竞争日趋激烈，各国在努力提高 FDI 政策自由化程度的同时，越来越多地辅之以积极的措施，以便利外国投资者在东道国的投资。这些便利化措施包括投资促进、投资激励（包含金融和财政）、对投资者和投资产业的详细定位、减少紊乱成本（腐败、政府办事效率等）、提高生活质量（高质量的饭店、商业服务等）、投资后服务、产业协作等。这些措施都由来已久，只是在全球化的世界经济中，它们迅速增加并日趋普遍和复杂。举例来讲，随着时间的推移，投资促进活动变得越来越重要，以前没有吸引力或不被注意的国家都开始借助于投资促进活动，投资促进活动可以缩短投资者对正在出现的投资机会的反应时滞或帮助投资者（尤其是中小企业）发现他们自己尚未发现的新机会。在全球竞争日益激烈的今天，好的投资机会对跨国公司来讲是至关重要的，甚至可以决定跨国公司今后的发展。而政府也意识到，将本地区的优势真实地传达给 FDI 的决策者，也是他们工作的重点。因而，拥有一个为投资者服务的投资促进机构，也是外国直接投资对我国的区位因素提出的新要求。

5.2　外商对华直接投资的区位转移模式之一：投资的梯度转移

20 多年来，外商对华直接投资经历了从起步到发展阶段，应该说对中国不同地域的投资环境已经有了相当了解。随着投资目的的变化以及对中国国内各地空间要素及其组合条件认识的深化，外商对华直接投资的投资规模与范围不断扩大，在空间上逐步扩展和转移。

5.2.1　外商对华直接投资区域分布的变化

外商在华直接投资的时间和空间模式是同中国渐进式的改革开放政策相一致的。中国的外资政策在空间上是从沿海地区向内地逐步推进的，从局部开放走向全方位对外开放，由此决定了外商直接投资由沿海向内地逐步扩散的分布变化。

5.2.1.1　中国区域性外资政策演变历程①

中国外资政策在肇始之初，就具有显著的地区倾向性。区域性 FDI 政策的实施可分为四个不同阶段，即 1979~1983 年的第一阶段（经济特区）、1984~1991 年的第二阶段（沿海开放带）、1992~1999 年的第三阶段（边境内陆城市）和 2000 年至今的第四阶段（中西部地区）。

从 1979 年开始，中国政府为了利用东南沿海地区的区位优势吸引香港和澳门的直接投资，在广东和福建两省试办出口特区（1980 年更名为经济特区），对这些地区吸引外资给予审批权限、外汇资金、财政信贷、税收优惠和原材料供应等方面的支持性政策，目的是吸引外资、增加出口。前三种因素用于扩大地方政府经济自主权，后两种因素则是直接向外资企业

① 商务部外资司. 中国外商投资报告（2005）[EB/OL]. 中国投资指南，http://www.fdi.gov.cn.

让利或为其经营提供便利。基于经济特区开放过程中的经验和问题，1983年国务院召开第一次全国外资工作会议，发布《关于加强利用外资工作的指示》，强调要统一思想认识、放宽政策，办好中外合资企业，并向外资企业提供一部分国内市场。这次会议的召开为下一阶段的开放提供了思想和政策基础，也为后续政策的制定和修订提供了依据。

1984 年 2 月，邓小平视察深圳、珠海和厦门时发表重要讲话，充分肯定这三个经济特区所取得的成绩，明确了进一步扩大开放、加快利用外资的战略方针。同年，包括大连、上海、天津、青岛和广州在内的 14 个沿海城市被确定为第一批开放城市对外资开放。这些城市很快建立了经济开发区，并直接套用经济特区的模式，只是将政策细分因素稍作改动。1985年，长江三角洲、珠江三角洲和厦（门）—漳（州）—泉（州）三角洲成为沿海经济开发区，中央政府允许这些地区的地方政府在外资和外贸方面拥有更大的管理权，实行与沿海开放城市相同的政策。由于传统意识形态和经验不足的原因，之前的外资政策较为粗略，很多政策都缺乏可操作性。鉴于此，1986 年国务院发布《关于鼓励外商投资的决定》，注重于改善外资企业的微观环境和提供地方政府的行政效率。由于这一政策性法规并不具有区域性质，全国各地方政府群而效法，纷纷颁布本地区外商投资政策，形成了地方政府的外资政策。此后沿海开放带进一步扩大，1988 年辽东半岛、山东半岛开放，同年海南从广东省分离出来成为中国第 31 个省级行政区和第五个经济特区，1990 年 4 月上海浦东新区实施开发和开放，济南也被列为沿海经济开放区。至此，中国沿海地区几乎全部开放，形成了以沿海开放城市为中心的沿海经济开放带。

1992 年，中央做出了《关于加快改革、扩大开放、力争经济更好更快地上一个新台阶的意见》的决定，排除了吸引外商投资的思想障碍和理论障碍，以开放更多国内市场。邓小平“南方谈话”之后，中国对外开放和经济体制改革打开了新局面。国务院决定在沿海对外开放的基础上，扩大对外开放的范围，实现沿江（长江）、沿线（陇海线、兰新线）、沿边（边境）对外开放，从而在全国范围内形成了全面开放的格局。在以边境和内陆城市为主的开放过程中，除边境城镇对上述政策存在某些具体操作性问题以外，其余地区都实行沿海开放城市的政策。

1999 年，国务院做出了《关于实施西部大开发若干政策措施的通知》的重大决策，要求加快转变观念，加大开放力度。与以往一样，中央给予中西部地区财政信贷、税收优惠等诸多政策支持，并扩大外商投资领域、拓宽利用外资的渠道，放宽利用外资的有关条件。2003 年，中共中央、国务院颁布《关于实施东北地区等老工业基地振兴战略的意见》，全面制定振兴东北战略的各项方针政策，强调积极吸引国内外资金进入东北地区，参与国有企业的改组与改造。之后，中国银监会批准更多的外资银行进入东北市场经营人民币业务。2004 年，国务院总理温家宝在《政府工作报告》中明确提出“促进中部地区崛起”的概念。2004 年 12 月，中央经济工作会议着重强调三大区域协调发展，即“实施西部大开发，振兴东北等老工业基地，促进中部地区崛起”。

至此，整个中国就形成了经济特区、沿海开放带、边境内陆城市、中西部地区这一包括不同开放层次的四阶段梯级推进格局。

5.2.1.2　外商对华直接投资的区域分布变化

随着外资政策在空间上的扩展，外商对华直接投资的分布也发生了明显变化。外商投资改变了改革开放后的头 20 年高度集中于广东、福建两省的局面，开始大规模地向长江三角洲地区和华北地区的某些省份转移，特别是江苏、浙江、辽宁、山东等省增长速度非常迅速。1983 年，广东吸收的外资占到全国的 69.4%，到 2005 年，这一比例已经降至 20.5%。而同一时期，江苏吸收的外资占全国的比重则由 1.5%升至 15.8%，山东由 0.5%升至 14.7%。2003 年江苏实际利用外资金额（105.64 亿美元）甚至超过了广东（78.23 亿美元），2004 年和 2005 年广东吸收的外资虽然重归全国第一，但与其后的江苏、山东的差距已经很小。目前，长江三角洲地区吸引的外资已经超过了珠江三角洲地区，总数达到全国的 1/3 以上。辽宁、山东、天津和北京近年来作为外商投资的重点，其中辽宁的大连、山东的青岛、烟台、威海等都是外商投资增长较快的城市。

1983~1990 年，外商投资比重超过 3%的共有七个省市，包括广东（含海南）、北京、上海、福建、辽宁、山东、江苏，这七个省市吸收的外商直接投资及其他投资合计占全国各省份利用外资总额的 83.76%。1991~1999 年，外商投资比重超过 3%的省市共有九个，包括广东（含海南）、江苏、福建、上海、山东、辽宁、天津、北京、浙江，这九个省市吸收的外商投资合计占全国总额的 83.69%（魏后凯、贺灿飞、王新，2002）。2005 年外商直接投资比重超过 3%的仍为上述九个省市（广东不含海南），它们吸收的外商投资合计占全国总额的 87.86%。

根据经济发展水平的差异可以把我国分为东部、中部、西部三大地带。东部地区包括北京、天津、河北、辽宁、山东、上海、江苏、浙江、福建、广东、海南等 11 个省市；中部地区包括黑龙江、吉林、山西、河南、安徽、江西、湖北、湖南 8 个省；西部地区包括内蒙古、宁夏、陕西、甘肃、重庆、四川、贵州、云南、广西、青海、西藏、新疆12个省（市、区）。① 本章除单独标注外，均按此划分。

表5-2列出了截至1999年底、2002年底和2005年底，各省市的累计实际利用外商直接投资额及其占省市合计②的比重。从表5-2中可以看出，无论是东部地区还是中西部地区，近年来外商投资区位都出现了明显的地域分异特征。

表5-2 截至2005年底各省市累计实际利用外商直接投资额的变动

地区	截至1999年底累计		截至2002年底累计			截至2005年底累计		
	金额（亿美元）	比重（%）	金额（亿美元）	比重（%）	比重变化③	金额（亿美元）	比重（%）	比重变化④
省市合计	2995.54	100.00	4387.25	100.00		6125.11	100.000	
东部地区	2567.28	85.70	3774.15	86.03	0.33	5284.57	86.28	0.25
北京	127.15	4.24	178.91	4.08	-0.16	261.71	4.27	0.19
天津	121.09	4.04	169.90	3.87	-0.17	226.79	3.70	-0.17
河北	61.18	2.04	82.50	1.88	-0.16	104.30	1.70	-0.18
辽宁	128.00	4.27	207.72	4.73	0.46	313.06	5.11	0.38
山东	181.38	6.06	293.64	6.69	0.63	529.32	8.64	1.95
上海	251.80	8.41	369.04	8.41	0.00	553.94	9.04	0.63
江苏	373.05	12.45	608.35	13.87	1.42	898.48	14.67	0.80
浙江	95.75	3.20	164.75	3.76	0.56	323.97	5.29	1.53
福建	300.78	10.04	412.67	9.41	-0.63	478.51	7.81	-1.60
广东	869.11	29.01	1214.58	27.68	-1.33	1516.57	24.76	-2.92
海南	57.99	1.94	72.09	1.64	-0.30	77.93	1.27	-0.37

① 这里采用的是商务部外资司“中国投资指南”的划分方法，《中国统计年鉴》（2006）与此相同，但把东北三省单列了一组。在以前的分法中，广西归入东部地区，内蒙古归入中部地区（参见中共中央《关于制定国民经济和社会发展的第七个五年计划的建议》）。本章除单独标注外，均把这两个省区归入西部地区。

② 省市合计略小于全国合计，这是因为全国合计除了省市合计外，还包括一些跨省市、跨地区的部门合计。当然各主管部门吸收的外资也要落实到具体地点，但各部门利用外资的地区分布情况缺乏具体的数据，不过20世纪90年代以来，随着经济管理体制的改革，各部门实际利用外商直接投资的比重已非常小（如1999年省市合计占全国合计的97.7%，2003年则占98.9%）。

③ 各省市和地区截至2002年底累计FDI占省市合计的比重减截至1999年底累计FDI占省市合计的比重。

④ 各省市和地区截至2005年底累计FDI占省市合计的比重减截至2002年底累计FDI占省市合计的比重。

续表

地区	截至 1999 年底累计		截至 2002 年底累计			截至 2005 年底累计		
	金额（亿美元）	比重（%）	金额（亿美元）	比重（%）	比重变化	金额（亿美元）	比重（%）	比重变化
中部地区	262.55	8.76	389.59	8.88	0.12	562.96	9.19	0.31
黑龙江	33.63	1.12	43.60	0.99	-0.13	54.27	0.89	-0.10
吉林	25.85	0.86	35.04	0.80	-0.06	42.19	0.69	-0.11
山西	13.01	0.43	19.71	0.45	0.02	23.73	0.39	-0.06
河南	37.53	1.25	51.79	1.18	-0.07	66.59	1.09	-0.09
安徽	27.16	0.91	37.55	0.86	-0.05	50.89	0.83	-0.03
江西	24.86	0.83	41.91	0.96	0.13	88.80	1.45	0.49
湖北	54.86	1.83	90.45	2.06	0.23	131.11	2.14	0.08
湖南	45.65	1.52	69.54	1.59	0.07	105.37	1.72	0.13
西部地区	165.73	5.53	223.51	5.09	-0.44	277.58	4.53	-0.56
内蒙古	5.35	0.18	9.25	0.21	0.03	16.20	0.26	0.05
宁夏	1.11	0.04	1.67	0.04	0.00	2.94	0.05	0.01
陕西	27.58	0.92	37.58	0.86	-0.06	44.21	0.72	-0.14
甘肃	3.94	0.13	5.92	0.13	0.00	6.71	0.11	-0.02
重庆	20.05	0.67	30.61	0.70	0.03	34.34	0.56	-0.14
四川	27.42	0.92	39.56	0.90	-0.02	57.00	0.93	0.03
贵州	3.97	0.13	4.89	0.11	-0.02	6.31	0.10	-0.01
云南	8.42	0.28	11.46	0.26	-0.02	15.45	0.25	-0.01
广西	64.18	2.14	77.44	1.77	-0.37	88.34	1.44	-0.33
青海	0.20	0.01	1.03	0.02	0.01	1.33	0.02	0.00
西藏	0.00	0.00	0.00	0.00	0.00	0.01	0.00	0.00
新疆	3.51	0.12	4.09	0.09	-0.03	4.73	0.08	-0.01

资料来源：根据商务部外资统计以及中国外商投资报告（2003 年、2006 年）的有关数据计算。

在东部地区，1999~2005 年，江苏、浙江、上海、辽宁、山东等地实际利用外商直接投资呈现高速增长的态势，占全国各省市的比重不断提升，而广东、福建、海南、北京、天津和河北所占比重则有所下降。特别是广东省，虽然在省市合计中所占比重仍居第一位，但比重下降的幅度比较大。

在中西部地区，各省、市、自治区吸引的外商投资金额变动较大，各省、市、自治区在全国的比重变动也较大。实际利用外商直接投资增长较快的主要有两类地区：一类是位于长江中上游地区的省份，如江西、湖北、湖南和四川；另一类是实际利用外商直接投资规模较小的省份，如内蒙古、宁夏、青海等。其他中西部省份实际利用外商直接投资比重都变化不大，甚至出现了不同程度的下降。尽管近年来国家采取多方面措施鼓励外商投向西部地区，但西部地区吸收的外商直接投资不仅总量规模小，而且增长速度比较缓慢。

由此可见，由于中国的对外开放是由沿海地区向中西部地区逐步推进的，因此，外商在华投资区位选择也呈现出这种渐进扩散的趋势。在改革开放的初期阶段，外商在华投资主要集中在东南沿海地区，20 世纪 90 年代后逐步向中部、北部沿海和中西部地区转移扩散。但是从全国范围来看，外商直接投资高度集中在东部地区的格局并没有得到改变，外商对华直接投资更多的是由南部沿海地区转移扩散到了长江流域地区和北部沿海地区。

5.2.2 我国外商投资转移呈现出“北上、西进”的梯度转移趋势①

5.2.2.1 总体表现

我国的东部地区加上广西，即构成整个沿海地区。具体来说，沿海地区又可以划分为北部沿海地区、中部沿海地区和南部沿海地区三个地区。其中，北部沿海地区包括辽宁、河北、北京、天津和山东五个省市，中部沿海地区包括上海、江苏和浙江三个省市，南部沿海地区包括福建、广东、广西和海南四个省区。用数学里的包含关系表示为：沿海地区｛北部沿海地区，中部沿海地区，南部沿海地区｝。

从表 5-3 中可以看出，自 20 世纪 80 年代以来，随着对外开放的不断推进，外商在华直接投资出现了“北上、西进”的趋势，即由南部沿海地区逐步向中部沿海地区和中部地区转移扩散。

① “北上”是指外商直接投资由南向北的转移，“西进”是指由沿海向内陆地区推移。

表 5-3　中国实际利用外商直接投资的地区分布①

投资地区	1983~1990 年		1991~2001 年		2002 年		2003 年		2004 年		2005 年	
	金额（亿美元）	比重（%）	金额（亿美元）	比重（%）	金额（亿美元）	比重（%）	金额（亿美元）	比重（%）	金额（亿美元）	比重（%）	金额（亿美元）	比重（%）
省市合计	163.29	100.00	3712.47	100.00	524.71	100.00	529.40	100.00	605.21	100.00	603.25	100.00
北部沿海	33.91	20.76	780.85	21.03	122.35	23.32	135.30	25.56	190.51	31.48	176.68	29.29
中部沿海	21.68	13.28	945.38	25.46	175.38	33.42	210.13	39.69	209.92	34.69	214.21	35.51
南部沿海	91.54	56.06	1524.73	41.07	161.02	30.69	112.62	21.27	123.50	20.41	148.44	24.61
中部地区	8.65	5.30	334.93	9.02	50.09	9.55	58.31	11.02	66.80	11.04	48.26	8.00
西部地区	7.51	4.60	126.57	3.41	15.88	3.03	13.04	2.46	14.48	2.39	15.65	2.59

资料来源：国家统计局贸易物资司. 1979—1991 中国对外经济统计大全［M］. 北京：中国统计信息咨询服务中心，1992；国家统计局. 中国统计年鉴（1996~2006）［M］. 北京：中国统计出版社；商务部外资司. 中国外商投资报告（2003~2006）［EB/OL］. 中国投资指南，http：//www. fdi. gov. cn.

① 在本书中是把广西归入西部地区的，但由于广西处于沿海地区，因此这里将其归入南部沿海地区，西部地区的数据扣除了广西。

从 1983~1990 年到 1991~2001 年，南部沿海地区外商直接投资所占比重由 56.06%下降到 41.07%，西部地区由 4.60%下降到 3.41%，而中部沿海地区由 13.28%提高到 25.46%，中部地区由 5.30%提高到 9.02%，北部沿海地区则大体保持稳定。2002 年之后，南部沿海地区外商投资比重继续下降，而中部沿海、北部沿海和中部地区所占比重均有所增加，尤其是 2005 年中部沿海地区提高到了 35.51%。

5.2.2.2 “北上”是外商投资区域间转移的主要特征

（1）外商在中部沿海和北部沿海地区投资的比重明显上升。

20 世纪 90 年代以来，外商投资虽然仍然集中在沿海地区，但在沿海地区内部的分布却发生了明显变化。从表 5-3 简化出的表 5-4 中可以看出外商直接投资在沿海内部的变化。

表 5-4 实际利用外商直接投资在沿海地区内部的分布变化 单位：%

地区 \ 年份	1983~1990	1991~2001	2002	2003	2004	2005
北部沿海	20.76	21.03	23.32	25.56	31.48	29.29
中部沿海	13.28	25.46	33.42	39.69	34.69	35.51
南部沿海	56.06	41.07	30.69	21.27	20.41	24.61

表 5-4 显示，自 20 世纪 90 年代以来，沿海地区的外资出现了由南部沿海地区逐步向中部沿海地区和北部沿海地区的转移扩散，特别是 2002 年以来，转移速度明显加快。南部沿海地区吸收外资占全国的比重由 1983~1990 年的 56.06%下降为 1991~2001 年的 41.07%，2002 年后比重继续下降，2005 年为 24.61%；中部沿海地区的比重由 1983~1990 年的 13.28%提高到 1991~2001 年的 25.46%，2002 年之后比重继续明显提高，2005 年为 35.51%；北部沿海地区的比重则由 1983~1990 年的 20.76%和 1991~2001 年的 21.03%提高到 2005 年的 29.29%，也是呈逐步上升的趋势。中部沿海和北部沿海吸引外资占全国的比重由 1983~1990 年的 33.04%大幅上升为 2005 年的 64.80%。

2002 年以来，这种“北上”的趋势进一步加快。尽管排名第一的广东外商投资继续保持较高的增长速度，但其增长幅度已经低于江苏、浙江、山东等地。2002 年，广东省实际利用外资 113 亿美元，比 2001 年增长了 26.2%；而同期江苏实际利用外资 103 亿美元，比 2001 年增长了 70%；浙江

31.6 亿美元，增长 83.7%；山东 65.7 亿美元，增长 54.6%。从主要城市增长速度来看，2002 年深圳实际利用外资比 2001 年增长了 30.0%，广州为 10.6%，而南京为 88.7%，沈阳为 36.8%，青岛为 58.2%，杭州为 29.2%。外商投资增长速度的这种差异，表明外商在华投资的区位选择正逐步转移，北部沿海地区正日益成为外商投资的新热点。2005 年江浙沪两省一市实际利用外资总额已达 214.2 亿美元，占全国的比重超过 1/3，达 35.5%。

（2）珠江三角洲外商直接投资比重下降，长江三角洲外商直接投资比重上升。

我国吸收的外商投资 70%以上集中在珠江三角洲、长江三角洲和环渤海湾地区①，特别是自 1992 年以来，这种集中趋势进一步加强。1993 年，沿海三大核心区外商直接投资占各省份的比重为 71.03%，2005 年该比重已增加到 85.30%。就内部结构而言，自 20 世纪 90 年代以来，珠江三角洲地区所占比重逐步下降，长江三角洲地区所占比重在不断提高，而环渤海湾地区所占比重则大体保持稳定。也就是说，珠江三角洲地区外商投资下降的份额主要是转移到了长江三角洲地区（魏后凯，2003）。2005 年，长江三角洲地区吸收外商直接投资 214.2 亿美元，占全国各省份合计的 35.5%，比 1991 年提高了 25.2 个百分点；同期珠江三角洲地区吸收外商直接投资 123.6 亿美元，占全国各省份合计的 20.5%，比 1991 年下降 23.4 个百分点。从图 5-2 中可以看出，1991~2005 年，长江三角洲和珠江三角洲的外商直接投资比重正好发生了互换。这说明，自 90 年代以来，外商在华投资区位的选择正在逐步发生转移，长江三角洲地区正日益成为外商投资的热点地区。

以计算机行业为例，20 世纪 90 年代中期以前，该行业中的外资高度集中于广东省特别是东莞一带。然而 90 年代中期以后，外商投资开始“北上”，在长江三角洲形成新的集群，而不是在东莞的基础上继续升级和扩大规模。据台北市电脑商业同业公会在 2002 年初公布的一项针对资讯电子产业所做的调查报告指出，2001 年台湾厂商赴大陆投资出现高潮，2000 年底台湾有 30.5%的电子企业赴大陆投资，仅隔一年，到 2001 年底，这一比例升至 52.8%，而且投资地区以长江三角洲流域为主，仅江苏一地的投资金额就超过台湾电子业到大陆投资总额的半数。按目前正在投资建设的项目看，台湾企业在长江三角洲地区制造的笔记本电脑的产能，很快将超过其在台湾内的生产厂的产能。

① 长江三角洲地区包括上海、江苏和浙江，珠江三角洲地区则指广东。

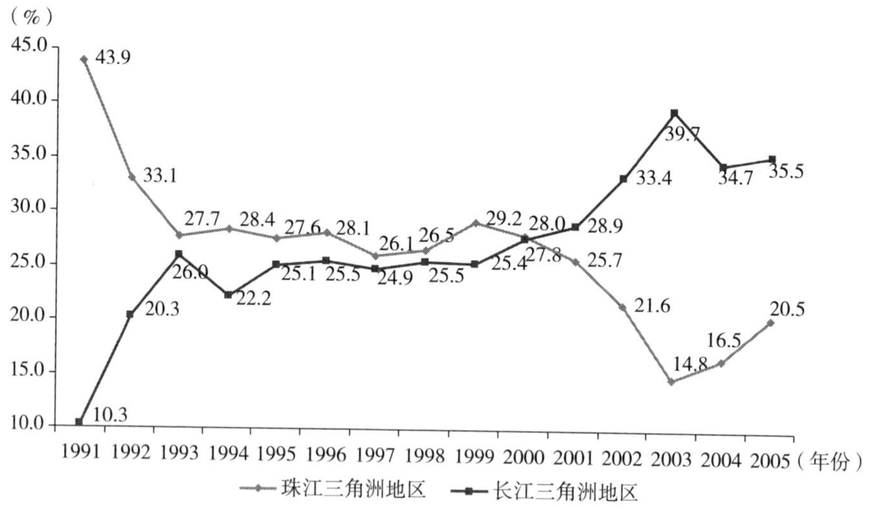

图 5-2　长江三角洲和珠江三角洲地区实际利用 FDI 占省市区合计的比重

资料来源：国家统计局. 中国对外经济统计年鉴（1992~2005）［M］. 北京：中国统计出版社；国家统计局. 中国统计年鉴（1996~2006）［M］. 北京：中国统计出版社.

这是因为：①从地理位置来看，虽然珠江三角洲邻近港澳，对外交通十分方便，但其对内经济联系和经济腹地范围远不如长江三角洲。外商在长江三角洲地区投资设厂，不仅可以充分利用上海的金融服务、现代物流、科技人才以及港口等条件，而且可以接近中国内地尤其是长江流域广大消费市场，实现产品出口和内销的低成本。②随着我国对外开放的不断推进特别是浦东的开放开发，过去珠江三角洲一些地区所享有的政策优势正在逐步消失，而伴随着外商投资和各种产业的集聚，导致能源短缺、环境污染加剧，土地、劳动力等生产成本上升，各类人才供应紧张，由此对外商投资形成一股“推力”因素。③以上海为中心的长江三角洲地区科技教育力量雄厚，各类人才会集，产业配套条件较好，拥有一批高素质、低成本的产业工人，再加上上海建设国际经济、贸易、金融和航运中心所显现出来的巨大潜力，这些都对外商投资形成一股“拉力”因素（魏后凯，2003）。

5.2.2.3　“西进”并不是目前外资进行区域间转移的主要方向

根据外商直接投资在我国东、中、西部三大地带的分布情况，可以得出以下主要结论：

（1）外商直接投资在中部地区所占绝对金额数增加，占全国外商直接投资的比重有所提高。自20世纪80年代中期以来，随着对外开放的不断推进，东部地区外商投资所占的比重有所下降，而中部地区所占的比重有所提高。1992年，邓小平同志发表了重要的“南方谈话”。此后，中国加大了对外开放的步伐，逐步开放了陆地边境城市、长江沿岸城市和内陆省会（首府）城市，由此形成了全方位对外开放的局面。1999年，中国政府又实施了西部大开发战略，采取多方面的政策措施，鼓励港澳台和外国资本投向中西部地区。在这些政策的支持下，东部地区外商直接投资和其他投资所占比重由1983~1991年的90.60%下降到1992~2005年的86.50%，而同期中部地区由5.12%逐步提高到9.04%。在国家政策的有力推动下，外商在华投资的空间扩散主要是转移到条件相对较好的中部地区，尤其是邻近沿海地区的长江中游地区。2005年，中部地区利用外资最多的省份是湖南省（23.75%，实际利用外资占中部总额的比重，下同），其次是江西省（21.39%）和湖北省（15.61%），这三个省利用外商直接投资在中部地区各省份中占绝对优势，实际利用外资金额之和占中部地区实际利用外资金额的60.75%①。

（2）西部地区利用外商直接投资额虽有所上升，但是所占比例却持续下降。西部地区经济基础较为薄弱，改革开放相对滞后，自然条件恶劣，投资环境不够完善，这使得长时期以来西部地区吸引外商直接投资相对滞后。西部大开发战略推行以后，随着中央与地方制定一系列积极吸引外资的政策措施，西部投资环境不断得到改善，但是与其他地区相比，西部吸引外资的整体能力还有待加强，外资“西进”的趋势并不明显。截至2005年底，西部地区设立外商投资项目数、合同外资金额和实际利用外资金额分别为35051家、678.90亿美元和277.58亿美元，占全国吸收外商直接投资总量的比重分别为6.34%、5.28%和4.37%（见表5-5）。截至2005年底，实际利用外资金额最少的5个省区全部集中在西部地区，分别是西藏（56万美元）、青海（1.33亿美元）、宁夏（2.94亿美元）、新疆（4.73亿美元）和贵州（6.31亿美元），这5个省区占全国累计实际利用外资金额的比重仅为0.25%②。

①② 商务部外资司．中国外商投资报告（2006）［EB/OL］．中国投资指南，http://www.fdi.gov.cn.

表 5-5　截至 2005 年底外商在华累计投资的地区分布

	投资项目数（个）	所占份额（%）	合同外资额（亿美元）	所占份额（%）	实际利用外资（亿美元）	所占份额（%）
全国合计	552960	100.00	12856.73	100.00	6345.06	100.00
东部地区	457944	82.82	11174.76	86.92	5383.71	84.85
中部地区	59947	10.84	1003.07	7.80	562.96	8.87
西部地区	35051	6.34	678.90	5.28	277.58	4.37
有关部门	18	0.00	0.00	0.00	120.81	1.90

资料来源：商务部外资司. 2005 年我国吸收外商直接投资情况综述［EB/OL］. 中国投资指南，http：//www.fdi.gov.cn.

外商投资在我国东、中、西部地区之间分布的不平衡格局并未得到根本改变。1984 年，东部地区吸收的外商直接投资及其他投资占全国各省份的 96.73%，其中广东省占 73.42%，而中、西部地区仅分别占 1.19%和 2.08%；2005 年，东部地区吸引的外商直接投资达 535.58 亿美元，占我国各省份吸引外资总额的 88.78%，而西部地区吸引的外资额为 19.41 亿美元，仅占省份合计的 3.22%。2001 年以来，东部地区实际利用外资占全国的比重相对稳定，维持在 86%左右；中部地区所占比重缓慢递增，从 2001 年的 8.54%上升到 2004 年的 11.02%，但 2005 年没有保持这种增长势头，下降到 8.00%；西部地区所占比重则呈递减趋势，从 2001 年的 5.40%下降到 2005 年的 3.22%，下降了 2.18 个百分点（见图 5-3 和表 5-6）。

总之，尽管现在中西部地区利用外商直接投资额绝对数有所提高，并且中部地区不论是绝对额上还是外商直接投资的增长率来说都有较大的提高，但是目前中国实际利用的外商投资仍高度集中在东部地区，中、西部地区面积占全国的 83.4%，人口占全国的近 60%，而实际利用的外商投资仅占 12%左右。截至 2005 年底，中国累计批准设立外商投资企业数、合同外资金额和实际利用外资金额分别为 552960 家、12856.73 亿美元和 6345.06 亿美元。这些投资项目、合同外资金额和实际利用外资金额的绝大部分集中在东部地区；中部和西部地区所占份额较少。其中，东部地区所占比重分别为 82.82%、86.92%和 84.85%，中部地区所占比重分别为 10.84%、7.80%和 8.87%；西部地区所占比重分别为 6.34%、5.28%和 4.37%（见表 5-5）。

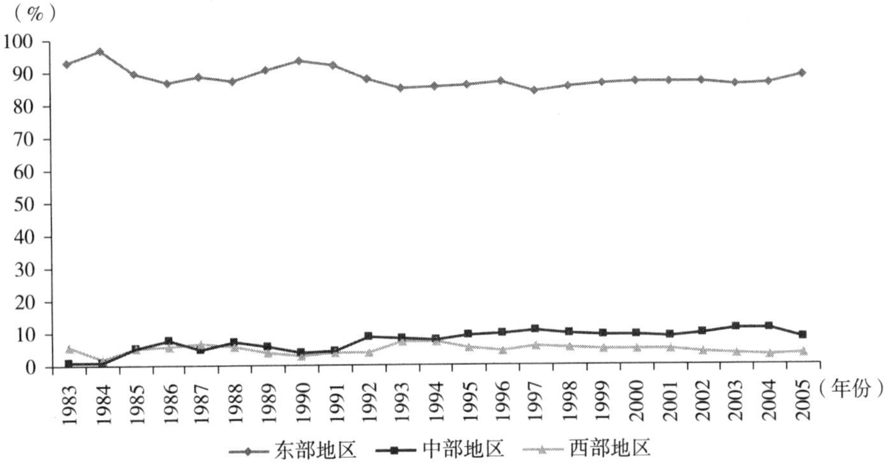

图 5-3　1983~2005 年中国实际利用 FDI 的地区分布

资料来源：国家统计局贸易物资司. 1979—1991 中国对外经济统计大全［M］. 北京：中国统计信息咨询服务中心，1992；国家统计局. 中国统计年鉴［M］. 北京：中国统计出版社，1996—2006；商务部外资司. 中国外商投资报告（2003~2006）［EB/OL］. 中国投资指南，http：//www.fdi.gov.cn.

表 5-6　1998~2005 年中国实际利用 FDI 的地区分布　　单位：%

地区＼年份	1998	1999	2000	2001	2002	2003	2004	2005
东部地区	84.92	85.36	86.62	86.06	86.70	84.83	85.93	88.78
中部地区	9.52	9.13	8.83	8.54	9.50	10.90	11.02	8.00
西部地区	5.56	5.51	4.55	5.40	3.80	3.22	2.88	3.22

资料来源：商务部外资司. 中国外商投资报告（2006）［EB/OL］. 中国投资指南，http：//www.fdi.gov.cn.

5.2.3　外商直接投资“北上”的主要因素分析

外商对我国投资初期的区位变化主要是受政策导向的影响。我国的区位开放政策自然是考虑了东部地区沿海交通便利，具有运输、经济、环境等方面的区位优势，同时也有利于整个经济局势的稳定发展。初期的政策优惠对于捷足先登的外商而言，不仅尝到了投资带来的第一个边际利益，而且占据了世界上需求潜力最大的市场的有利区域，可谓一举两得。第一轮招商引资的竞争焦点从依次是优惠政策、土地价格、劳动力价格到市场机制、市场结构再到收益、高新技术、便利化措施，中部地区及西部地区没有享受到。20 世纪 80 年代我国实行了区位开放的优惠政策，即使拥有廉价的土地和劳动力资源，结果也只能是大量的劳动力流向沿海率先开放的地区。并且，外商一般也倾向于在海外寻找一个最有利的生产活动地点，并把其纳入企业的全球产业链体系之中。在这种全球产业链体系中，外商选择在中国沿海地区投资建厂，不仅有利于加强与公司总部和海外相关企业之间的联系，而且有利于各种原料、设备和产品等的进出口。外商投资的区位选择比较重视集聚经济，一些外资企业特别是大型跨国公司在某些地区的成功，将吸引大批相关企业的进入，从而形成一个完整的产业链。事实上，大量的相关外资企业相互集中在一起，将可以降低交易成本和信息成本，减少不确定性（贺灿飞、魏后凯，2001）。

5.2.3.1　华东、华北地区的市场辐射能力较强

中国迅速增长的经济实力与巨大的市场容量和潜力对外资具有极大的吸引力。许多大型跨国公司，为了在这个潜力巨大的市场上占有较大份额，纷纷宣布在中国制造其产品，而华东、华北地区在我国市场上的辐射能力强于华南地区。因此，这些国际知名的大型跨国公司都纷纷在华东、华北地区设立生产基地，或者将其华南地区的生产基地转移到华东和华北地区。

5.2.3.2　沿海地区内部“北上”是因为该地区具备了承接国际产业转移的基本条件

从全球产业发展趋势来看，国际制造业中心有向东亚、东南亚、南亚、东欧等地区转移的趋势。经过 20 多年的改革开放，我国的工业配套能力、劳动力素质、技术能力和管理水平等都已经相当成熟，达到了承接国际产业转移的条件，尤其是我国中部沿海和北部沿海地区。因此，外资向中国转移其生产基地，是在全球竞争的框架下，寻求其设立生产基地的理想场所，而长江三角洲以及北部沿海地区也正是具备了吸引外资的基本条件，因而外商投资的力度也会越来越大。

5.2.3.3　由于产业集聚，南部沿海地区土地、劳动力等生产成本上升，各类人才供应紧张；而周边沿海地区土地、劳动力等较为便宜并且人才充足、靠近内部市场

20 世纪 90 年代中后期以来，随着外商在华投资的技术水平不断提高，外商投资企业需要雇用更高水平的管理人员和技术人员，对配套产业的要

求则更高，也更复杂。南部沿海地区过去所享有的政策优势在逐步消失，并且伴随着外商投资和各种产业的集聚，导致土地、劳动力等生产成本上升，各类人才供应紧张。以上海为核心的中部沿海地区，金融服务、现代物流、科技人才以及港口等条件较好，周边长江三角洲地区作为这个地区的核心地带，产业基础雄厚、科技基础好、居民教育水平高、市场潜力巨大、交通条件便利。北部沿海地区具有产业基础好、科研和技术人才集中、靠近广大内地市场的优势。这些有利条件都对外资很有吸引力。同时，外商在华投资的市场目标也发生变化，从以国际市场为主，转向希望更多地进入中国国内市场，因此，希望投资所在地有较大的市场潜力。上海及其周边长江三角洲地区无疑具有这方面的明显优势。

以台湾投资者为例，由于岛内市场的局限性，近几年来，台式电脑和笔记本电脑的生产开始向大陆转移。随着更高技术水平的笔记本电脑的生产向大陆转移，电子产业中的台商投资企业需要雇用更高水平的技术人员和管理人员，对配套产业的要求更高，而东莞乃至整个华南地区的商业环境、人文环境和产业基础都无法满足其继续扩张的需要。于是，在 1999 年前后，台湾主流资讯电子企业开始大规模投资于上海及其周边地区。

5.2.3.4　长江三角洲生活条件对外商尤其是来自台湾的投资者具有很强的吸引力

近几年在我国计算机行业中的外商投资，投资规模巨大，在华具有长期发展意愿，因此投资方高层管理人员准备举家在华长期居住。中部沿海和北部沿海地区近些年来生活设施的硬件和软件都已比较完善，人文环境好，适合长期生活居住。近年来一些城市基础设施建设高速发展，生产和生活条件明显超过南部沿海城市，对那些在中国有长期投资规划、准备在中国长期发展的投资商有很强的吸引力。特别是来自台湾的一些投资者，其祖籍就在江浙一带，华东地区从文化上对他们就有吸引力。上海近年来高速发展，其基础设施的硬件和软件已接近台北，更为许多台湾省居民所青睐。

5.2.4　外商投资向中西部地区转移中存在的问题

尽管我国实行了西部大开发战略，并且当前我国外商投资呈现出由沿海地区向内陆地区（中西部地区）转移的趋势，但是中西部地区的外商直接投资额及所占的比重仍然很低。这主要有以下几方面的原因：

（1）沿海地区的地方政府不愿意外资从本地转移出去。当前一个普遍的情况是：沿海地区的政府认为，当地的外资并没有饱和，还有继续吸收的余地，因此，不愿意外资企业向外转移。当外资有向其他地区转移的意向或动机时，当地政府会千方百计进行挽留。各地政府都宁肯外资向本地区的边缘地带或相对落后地区转移，也不愿意其向其他省份转移。

（2）某些在沿海地区的外资企业不敢把投资迁移到西部地区。对于外来的投资主体来说，由于信息的不确定性、不充分性和不对称性，包括与投资活动相关的人为观念的不可预测性和投资活动赖以作用的制度环境的不确定性，如政府有关政策的不确定性、多变性，合作伙伴（商界人士及政府官员等）的欺骗性（不讲信用、不守合约）等，加上外商对西部地区缺乏了解，害怕上当受骗和安全没有保障，所以，这就要求有良好的制度环境以便降低投资风险，实现预期的投资收益率。但是，如果良好的制度环境由于实施机制不够健全，使外来投资主体面对的所谓优良的投资环境仅是一纸空文，则不可能吸引外来投资。制度为经济领域的一个内生变量，有效的制度安排可以大大降低交易成本。良好的投资制度环境是降低西部地区的投资转移成本、形成对外资金的集聚效应的根本途径，所以对西部地区而言，树立制度是第一生产力的观念有着特殊的现实意义。

（3）中西部地区观念较落后、专业技术人才供应不足。在引进外资方面，中西部各省市、区都不同程度地存在着落后于沿海地区的观念问题。一些城市政府实际行为与招商引资宗旨相悖；重招商引资轻管理，员工对国外先进的管理接受能力和意识差；竞争意识不强，开放度不如沿海；当地的办事机制手续烦琐，外资企业不适应。西部地区的人们缺乏符合市场需求的现代理念，国家政策是一种正式约束，而西部地区人们的观念却是一种非正式约束，只有正式约束与非正式约束相容的情况下才能真正发挥作用。正式约束可以在一夜之间改变，但非正式约束的改变有一个长期的滞后过程。西部地区曾是中华民族灿烂文化的发祥地，文化沉淀深厚，历史源远流长，然而也形成了西部浓厚的地域倾向和陈旧观念，如夜郎自大、盲目排外的观念意识；不求有功、但求无过、因循守旧的保守观念；害怕竞争、害怕冒尖的守旧意识；生活散漫、不讲效率的惰性意识等传统糟粕。这种落后观念显然与强调竞争和效率的现代市场经济意识格格不入，因此形成了国家政策低效或失效。以西部一些经济开发区为例，这些开发区的投资硬环境（如通信、交通、各种基础设施等）相当完善，投资政策也几乎照搬东部地区，有些开发区政策优惠程度令外商都感到吃惊，但外商投资却不踊跃，这是因为外商预期在一个缺乏现代市场经济观念的投资环境中所付出的各种交易成本会很高。因此，政府在进行政策创新的同时，还必须通过各种途径持续深入地在西部进行观念大变革，想方设法促进西部地区尽早抛弃落后意识，树立起竞争、效率、创新、双赢、公平、法治等现代市场经济观念，从而最终形成与国家政策相融的非正式约束。当然，这是个漫长而艰难的过程。同时，中西部地区的劳动力素质普遍比沿海地区低，随着本地经济的发展，人才和具有专业技能的劳动力供给也会不足。

(4) 中西部地区的配套能力不高、基础设施有待改善。

总体来看，中西部地区经济较落后，工业基础薄弱，配套能力不强，许多外资企业在当地找不到合适的配套企业。这主要是由于西部地区工业基础薄弱，当地产品或原料达不到外商企业的要求。

中西部地区远离沿海，基础设施落后，生活实施不完备，交通运输成本高，信息流通也不方便，这些都构成了外资西进的重要阻力。不少外资企业提出，政府虽然给予了许多优惠政策，但中西部地区开发区的基建和生活配套设施往往较差，工人及管理人员生活和工作有诸多不便。

5.2.5　政策建议

5.2.5.1　东部地区引进外资以提高技术质量为重点

我国东部地区经济发展水平较高，基础设施和劳动力素质都比较好，并且对外开放较早，吸收利用外商直接投资已有相当的规模和基础。因此，东部地区应该将引进外商直接投资的重点放在提高质量上，即提高项目质量，优先选择技术先进、高科技、产品竞争力强、创汇多的项目，重点发展技术密集型和资金密集型产业，特别是高新技术产业，使东部地区引进外商直接投资真正实现从数量型向质量型的转变。对于东部地区引进的外商直接投资企业来说，在继续抓好管理、提高技术水平和发展层次的同时，将其中的一部分逐步向中西部地区推移。

5.2.5.2　对到西部投资的外商提供更为优惠的税收待遇和条件

通过考察各个国家的地区经济发展战略，可以看出，所有国家在吸引投资者去不发达地区进行投资，政策上都体现为税收、土地使用等方面的优惠，以及一些相应的投资鼓励、补贴或奖励，并且地理位置越偏僻、经济发展越落后的地区，政府提供的政策就越优惠。因此，在鼓励外商投资企业向西部转移的过程中，我国应当一方面给予去西部地区投资的外资企业具有吸引力的税收优惠和土地使用权方面的政策优惠，另一方面通过国家的财政转移支付，直接给去西部投资的企业（内外资企业一视同仁）一定的补贴、资助或者奖励。这种做法一方面可以加快外资向西部地区转移的步伐，另一方面可以创造就业、增加居民收入、活跃经济，起到“放水养鱼”的效果。我们称这种战略为逆梯度开发战略，使之强调利用落后地区的后发优势，利用经济技术的梯度转移与扩散，优先发展落后地区，缩小落后地区与发达地区的发展水平与经济差异。

5.2.5.3 利用好开发区资源，鼓励外资继续“北上”“西进”

改革开放初期，我国首先对沿海地区实行了改革开放，经过近20年的发展，沿海地区已经成为外商投资的高度集中区。起初外资主要集中于南部沿海地区，而现在外商直接投资已经出现了“北上”的空间转移趋势，越来越多的外资投向了长江三角洲地区和北部沿海地区。

由于西部地区发展与东部地区差距日益加大，我国政府为了缩小这一差距，促进中西部地区的发展，实施西部大开发战略，给西部各地带来政策上的很大优惠，这一政策的引导与外资投向高度相关，但西部的政策效应与当初东部沿海地区开放的政策效应已远远不能相提并论。

20世纪80年代的逐步开放政策对中部及西部而言是一道不许可的政策壁垒，如今外部因素发生了很大变化，多数产品市场已由短缺转向相对过剩，全面开放的格局也已形成。西部的政策优势更多是靠国家投资带来的机遇，而不是依靠目前的区位优势来吸引外资，因此，这一不利因素对引进外资的影响要小得多；此外，西部地区尽管有政策优势及资源优势，但难以弥补其地理上的弱势。西部地区土地广袤，市区之间距离相隔太远，气候不佳，人口、环境容量、城市基础设施等远远比不上中部及东部。在外资影响因素中，当距离太远以至于可能成为障碍的时候，对有些产业、有些区域会造成客观的障碍。

中部地区在整体区位上仍然要优于西部地区。中部地区承东启西、连接南北，具有得天独厚的区位优势。随着经济发展的推移，无论是“西进”还是“北上”，中部地区都是必经之地。

北部沿海地区和中西部地区吸引外资的重点，应该放在国务院批准的国家级开发区和条件较好的省级开放区。目前，各省会城市（首府城市）及直辖市均有一个或一个以上的国家级经济技术开发区和高新技术开发区，这些开发区经过多年的投资建设，基础较好，也有相对独立高效的管理运转机制，投资环境较好，并且这些省会城市一般也是区域性的中心城市，具有较强的市场辐射能力。因此，国家对外开放的总体战略部署，应该立足于使这些地区的开发区发挥核心作用。开发区的发展可以形成产业集聚，改善商务环境、辐射和带动周边地区经济发展，起到重点突破，以点带面的作用。

5.3　外商对华直接投资的区位转移模式之二：中心—外围扩散转移

外商直接投资在我国的空间分布呈现出梯度转移趋势，除了这一趋势外，还有一个值得关注的投资转移趋势是中心—外围扩散转移。这一趋势的显著特点就是：外商直接投资从一个中心出发，随着经济的发展，企业扩大规模，寻求更大的市场空间和空间盈利点的最佳区位，这时就会向这个中心的周边地区扩散转移。

5.3.1　外商直接投资集中程度的测算

外商对华直接投资在地域上明显地集中于局部地区，但随着改革的深入和外商投资的发展，又呈现出空间扩散的趋势。1985~1996 年累计前六位的省市为广东、江苏、福建、上海、山东、辽宁，但在 1985~1991 年和 1992~1996 年，广东的比重明显下降，江苏、山东、浙江等省明显增加。1986~1991 年，前六位的省市为广东、北京、福建、上海、辽宁、江苏，合计占 76.69%；而 1992~1996 年的前六位省市为广东、江苏、福建、上海、山东、辽宁，合计占 71.44%；其中第一位的广东从 42.84%减少到 28.41%。1981~1985 年，仅有广东、福建、辽宁、上海、天津等省市吸引的外资占全国总量的比重超过了 1%，1986~1991 年占全国比重超过 1%的省（市、区）扩展到 16 个，1992~1996 年则扩展到 18 个，此后基本上保持在这一数目左右，其中包括东部地区的 11 个省、市和中、西部地区的少数省（市、区）。

为反映总体外资投向的变化，可以利用外资投向地区地理集中指数（G）来衡量其变化程度。

地理集中指数（G）的计算公式为：

$$G = 100 \times \sqrt{\sum_{i=1}^{n}\left(\frac{T_i}{T}\right)^2}\ ,\ (i=1,\ 2,\ 3,\ \cdots,\ n) \qquad (5-1)$$

其中，T_i为投向第 n 个省份的直接投资额；T 为直接投资总额；n 为投向省份的个数。资金投向越集中，G 值越趋近于 100；资金投向越分散，G 值越小。

图 5-4 是外资投向地区地理集中指数的年度变化，1985~2005 年各年度地理集中指数变化基本呈现出下降趋势。1985 年的地理集中指数为 51.9，而 2005 年的指数降为 34.3。1992 年之前地理集中指数较大，而 1992 年以后则比较小，约为 35%。这是因为自 1992 年以来，我国开始实行全方位的对外开放政策，中国绝大部分城市与地区都成为外商直接投资可能投放的地区。

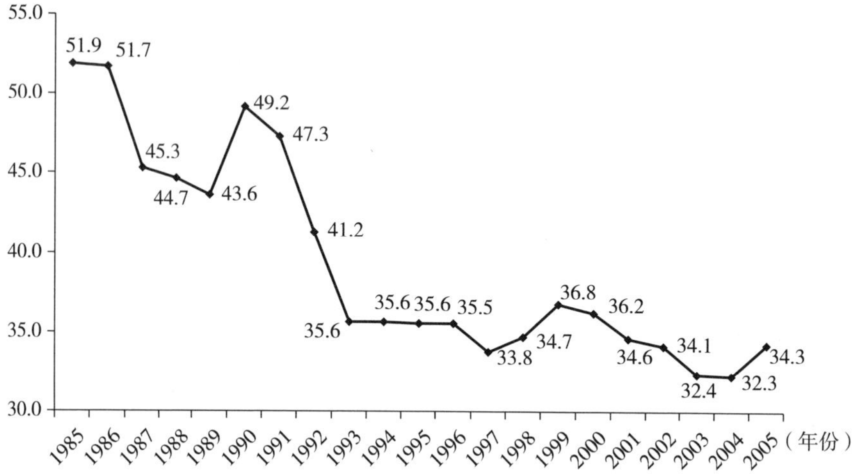

图 5-4　外资投向地区地理集中指数年度变化

5.3.2　外商直接投资在我国中心—外围扩散转移的表现

5.3.2.1　外商对华直接投资从大城市逐渐向周围地区推移

利用外资投向地区地理集中指数，还可以计算得出 1987 年与 1995 年两年间的引进直接投资大省广东、福建、江苏、浙江、山东、辽宁的地理集中指数（见图 5-5）。除江苏外，其余各省份地理集中指数均有所减小，广东和辽宁尤为显著，说明广东和辽宁省内的外资投向从集中转为相对均衡，也即为从个别城市向省内其他城市推移。1987 年深圳一市引进外商直接投资占广东省的 48.4%，1995 年降为 12.9%；1987 年大连一市引进的外商直接投资就占辽宁省的 77.2%，而 1995 年降为 50.4%；1987 年青岛一市引进外商直接投资就占山东省的 40.7%，而 1995 年降为 26.9%。江苏省地理集中指数升高的主要原因是江苏省苏州市工业园区吸引了大量直接投资，从而使得苏州市 1987 年引进的外商直接投资占江苏省的 27.4%，而 1995 年则增为 49.0%①。

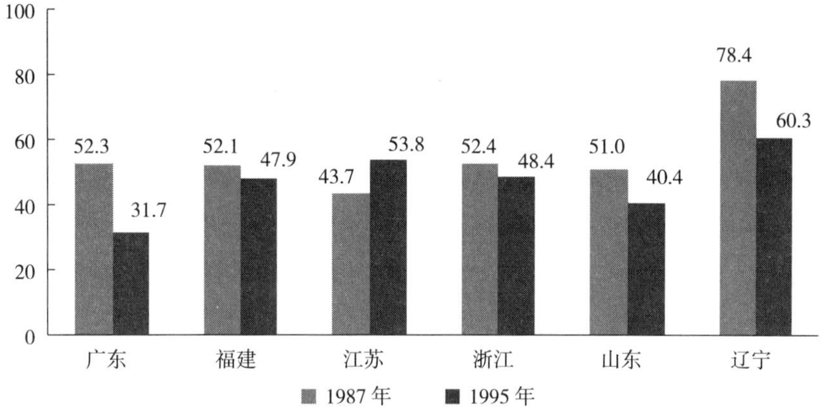

图 5-5　主要省份外资投向城市地理集中指数

扩散的模式表现为由集中于少数城市转向多数城市，特别是在原有外商直接投资集中的城市向周围邻近的城市发展。从总体上来看，这首先取决于劳动力成本与劳动力保证程度，其次是由于基础设施条件的改善，以及企业得到了确切的有关候选地的信息。正是由于中国经济的快速发展，各地基础设施的改善以及信息的公开等因素促使在中国的投资向全国各地扩展。

5.3.2.2　东部沿海地区外资从开放中心区向其周边地区扩散的趋势越来越明显

外商投资企业向西部地区转移的现象比较少，但沿海地区的外资从开放中心区向其周边地区扩散的趋势却十分明显。比如有相当一部分企业已开始或打算从上海及苏锡常地区向其周围辐射区域的苏中地区转移；有许多企业打算或愿意从南京地区向苏北及皖东南的芜湖、合肥一带转移；有许多外资企业从广东、福建向江西的南昌等地转移。可以预见，这种趋势在我国未来几年、十几年当中将会愈加明显，且会不断强化。

① 李国平，杨开忠. 外商对华直接投资的产业与空间转移特征及其机制研究［J］. 地理科学，2000（2）.

5.3.2.3 沿海地区外资向所在省市较落后地区转移的现象明显

外商投资企业向中西部省份进行投资转移的动力不足，但是向沿海地区省内较落后的地区转移的现象却非常明显。原因在于：①沿海地区各地的政府并不愿意外资从本地转移出去，而是鼓励省内转移。东部各省市内部经济发展的差距，如江苏的苏南和苏北，福建的厦漳泉等沿海地市与闽西、闽北的山区，经济发展差距很大，因此，沿海各省市尽可能创造引资的良好环境，鼓励外资向省内经济较落后的地区或区县转移。②无论沿海还是内地，当地政府都将吸引外资作为发展经济的重点和政绩表现，因而也尽力阻止外资从本地转移出去。③企业迁移，尤其是跨省区的迁移手续很难操作，一般要撤销原企业，再到异地设立新企业，转移成本较高。

作为吸引外商投资较多的省份，江苏省有许多外资是从外省或本省发达地区转向本省落后地区的。转移来的外资主要投资于江苏的中西部和北部地区（如泰州地区，特别是该地区的一些乡镇）。外商投资转移从1993年就已开始，但较多的外资转移现象则出现在2000年以后，特别是外资转入本省较落后地区的情况，大都发生在2002年。有不少企业有向本省苏北地区再投资的意愿，江苏政府也为发达地区和较落后地区的经济合作活动做了大量的工作（如对调干部和培训工作等）。

5.3.2.4 外资在中西部地区投资有所增加，但主要集中在较好的中心城市，不过可以通过这些中心城市带动周边地区

随着国家西部大开发战略的实施和推进，外商在西部地区的投资规模将会不断扩大，但将主要集中在条件较好的大城市，如西安、兰州、重庆、成都、昆明等。西部地区虽然整体上经济、科技发展落后，但某些大城市的科技潜力在全国名列前茅。一是大专院校、科研院所和教学科研人员的数量排名位于全国前列，例如西安、成都、重庆三个西部省区的中心城市，高等院校和科研院所的数量排名位于全国前十名之内；二是一些机械电子行业和军事工业，西部有明显的优势。特别是在“三线”建设时期，中国在飞机制造业、航空工业、光学工业、通信设备制造、电子元器件和设备制造业等行业在西部建立了一大批技术先进的企业。随着西部投资环境的好转和对外资实行更加开放的政策，西部这些重点城市所具有的科技实力、产业基础和生产成本等方面的优势，对国内外投资者产生了较大的吸引力。在产业选择方面，由于受国家政策和投资回报率的影响，外资将会首先投向中西部那些具有比较竞争优势的特色产业，如基础设施建设、能源和矿产资源开发、特色农业生产、农畜产品精深加工、旅

游和生物医药等。中西部拥有丰富的矿产资源和生态资源，因此，在一些能源、矿产开发以及农产品加工等资源密集型的行业具有一定的比较优势。

此外，由于服务产业市场的分割性以及服务产品的不可流动性，商业、旅游业、物流服务业、社会服务业以及房地产业等第三产业会成为外商投资中西部地区的一个重点。随着中、西部地区经济的发展以及居民生活和消费水平的提高，这种需求会越来越大。中西部地区尤其是西部比较偏远的省区，由于地理位置的局限以及交通条件的落后，外商不会将面向国际市场的产品生产放在这些地区。外商在中、西部地区投资的产品一般都是面向国内市场特别是本地市场的产品。

5.3.3　外资企业向中西部地区进行投资转移的考虑因素

5.3.3.1　FDI 流向中西部地区的可能性及实现条件

在市场经济条件下，随着经济的发展，投资具有了流向中、西部地区的可能性：首先，由于经济增长扩大了对生产要素的需求量，从而提高了原料的地区调运率，增大了运输费用，所以需要通过投资在区域之间的流动以改善投入要素的供给条件，使产品生产与要素的供给更好地结合；其次，经济增长必然导致要素相对价格的变化，对于劳动密集型投资项目，由于资本有机构成低，工资支出占生产成本的比重高，所以这类项目往往可能流向经济发展程度不高、劳动力供应充足、工资水平相对较低的地区；再次，经济增长往往导致国民收入水平提高和市场需求的结构变化，这使得那些市场寻求型的投资项目随目标市场的变化而在地域间转移；最后，随着经济增长对于科学技术的依赖越来越高，高技术投资项目往往会向科技较发达地区流动。

我国中西部地区拥有丰富的自然资源，劳动力的价格较为低廉，并且某些中心城市拥有较强的科技力量，这些都是中西部经济发展中所具有的潜在比较优势，这为外部资金越来越多地流入西部、与当地潜在的比较优势相结合提供了一种可能性。当然，这种可能性只有与其他因素结合起来才能够引导外商直接投资资金流向中西部地区。

投资空间流动从可能性变成现实性取决于投资所在区域的转移条件。设有以下等式成立：

$R_a = r$，$R_b = r - c$

其中，R_a 表示 A 地区的正常投资收益率，假设等于 r；R_b 表示 B 地区的正常投资收益率，假定 B 地区的正常投资收益率也等于 r；c 表示信息充分与否、制度完善程度及运行效率高低对投资收益率的影响。显然，如果 $c=0$，那么投资空间流动将处于一种均衡状态；如果 $c<0$，意味着与其他地区相比，B 地区信息较为充分、制度运行效率较高，从而会使外来投资更多地流向 B 地区，同时 A 地区的部分资金也会向 B 地区流动；反之，如果$c>0$，以致使得 $R_b<R_a$，那么不仅 B 地区对外来投资的集聚效应会下降，而且还会导致 B 地区的资金外流。这里，信息不充分、制度缺损而导致的对投资空间流动的不利影响 c 可以定义为投资转移成本。可见，减少投资转移成本是实现投资在区域间转移的关键条件。

5.3.3.2　中部地区的区位优势以及中西部地区潜在的市场优势

从我国东部、中部、西部三大地区的投资情况来看，有一个现象值得关注：外商投资在沿海东部投入的边际收益递减规律开始逐步显现。整个沿海东部的外商投资增长情况呈现出一个十分明显的成长曲线，1983~1991 年属于缓慢增长，1991~1993 年属于高速增长，1993~1998 年为次高速增长，1998~2000 年增速下降步伐趋缓，而 1991~2000 年中部地区外商投资增长的情况与 1983~1990 年沿海东部地区的情形非常相似。外资在沿海东部投入的边际收益递减规律开始逐步显现，投入逐渐向中西部转移，中部地区首先受益。不少转移投资的外资企业认为，到中部地区投资最重要的吸引力是地理位置。例如安徽的芜湖和合肥具有承东启西的区位优势：长江万吨级港口、便利的交通、较好的工业基础、较强的配套能力、辐射的市场范围大（以芜湖为圆心，4 小时车程为半径的范围内共有人口百万以上的中大型城市 25 个），占据了中部地区的“桥头堡”，外商便可进一步向具有巨大市场潜力的西部地区进军，开拓内地的新市场。

另外，中西部地区的人口基数很大，而市场发育尚未成熟，市场潜力很大，这对于消费品的生产企业具有吸引力。很多外资企业在东部省份的较落后地区设立二级厂，部分外资企业在中、西部地区设立二级厂，生产稳定，市场销售前景好①。目前，企业正积极向东部相对落后的地区及中西部扩张二级厂。正是由于外商投资企业占领中、西部地区市场的这种战略导向，使得向中、西部进行转移的外资企业中生产规模大，但出口比重较低的企业居多②。

---

① 这是 FDI 区位转移中的增量转移。

② 该种类型的外资企业看中的是当地市场潜力（有利于外资企业长远的发展）。

同时，由于经济发展总体水平提高以及技术与人力资本存量的变化，以获取市场份额、增加收入为中心的对华直接投资企业日益增加，并随着内陆消费水平提高，出现了从沿海向内陆推移的趋势。

5.3.3.3　中西部地区外商投资转移的综合成本较低

中西部地区外商投资转移的综合成本如土地、水、电的价格以及劳动力价格都比较低，例如中西部地区很多地方的土地成本仅相当于沿海地区的 1/2，甚至更低。到江西投资的不少企业反映，虽然江西到沿海的运输成本较高，出口不太方便，但考虑到整个投资的综合成本较低便决定到江西投资。

截止到 2005 年底，中西部地区的人口约为 7.77 亿人，占全国总人口的 59.43%，中、西部地区劳动力充足，且劳动力廉价，这是大多数外商企业考虑到中、西部投资的最大吸引力。对华直接投资主体主要是我国港澳台、日本、亚洲新兴工业化国家和地区的企业，例如仅 2005 年，亚洲十国/地区（中国香港、中国澳门、中国台湾、日本、菲律宾、泰国、马来西亚、新加坡、印度尼西亚、韩国）对华实际投资 458.66 亿美元，占全国同期吸收外资总量的 63.35%①。在这些投资主体中大部分是中小型企业，尽管这些企业并没有形成欧美发达国家的大型跨国企业所具有的所有权优势以及内部化优势，但由于开发了适用技术以及由此建立起来的低成本生产优势，因此，对来自这些新兴工业化国家与地区的投资企业而言，追求低成本而实现价格竞争优势构成了这些企业的基本竞争战略，决定了其对华直接投资的区位选择主要受劳动力等生产要素成本的影响；改革开放以来，劳动力等生产要素成本在我国不同区域之间的相对变化，导致这些以低成本为目的的外商对华直接投资发生区位转移，即投资转向劳动力成本较低的中、西部地区。

5.3.3.4　中西部地区具有得天独厚的资源优势

向中西部地区转移的外资企业大多数属于劳动密集型和资本密集型的企业，并且很多是消耗资源较多的企业，这些企业的设立一般要靠近其原材料产地。中、西部地区具有得天独厚的资源优势，如矿产资源占全国的 60%，这对资源密集型的外资企业具有较强的吸引力。从外商转移投资企业在中西部的主要产品结构看，化工类、轻工类、纺织类各占 16.9%，机械类占 13.6%，电子类、食品类、建筑类、矿业类及其他类分别占 6.9%、

① 商务部外资司. 中国外商投资报告（2006）[EB/OL]. 中国投资指南，http://www.fdi.gov.cn.

8.5%、5.1%、1.7%和8.5%。这种现象表明，外资在向中西部转移的过程中，中西部的物产资源和劳动力资源具有相当大的吸引力。

5.3.3.5 中西部地区的政策及服务优势

我国政府实施的西部大开发战略给西部提供了较优惠的政策，中西部地区政府为促进经济发展推出的引资优惠政策以及经济开发区比较优惠的产业政策也是不少企业到中西部投资的重要吸引力。此外，积极主动的当地政府也是使许多外资企业从沿海地区转移到中西部投资的重要原因。政府的服务与政策，不仅是开发区的软环境，而且也可以减小外资进入的交易成本。

综上所述，可以预见将来率先大规模进入西部的将主要是两类公司：一类是响应国家实施西部大开发的号召，以利用政府优惠政策为主的中小型企业，尤其是港澳台投资企业；另一类是以占领和开拓西部市场、开发当地资源等为主要目标，注重长期发展的欧美日等跨国公司。因此，对各级政府来说，今后应在政策上给予相应支持，鼓励跨国公司的“西进”。

5.3.4 政策建议

5.3.4.1 加大对沿海的周边地区、沿海省市内的落后地区及中西部地区重点城市的支持力度以培养具有较强辐射力的“增长极”，并以此为契机带动周边（外围）城市和地区发展

沿海的周边地区及沿海省市内的落后地区和中西部地区吸引外资的重点，应该放在国务院批准的国家级开发区和条件较好的省级开放区。目前各省会城市（首府城市）均有一个或一个以上国家级经济技术开发区和高新技术开发区，这些开发区经过多年的投资建设，不但基础设施较好，也有相对独立、高效的管理运转机制，投资环境较好，而且这些省会城市一般也是区域性的中心城市，具有较强的市场辐射能力。因此，国家对外开放的总体战略部署，应该立足于使这些地区的开发区发挥核心作用。开发区的发展可以形成产业集聚，改善商务环境，辐射和带动周边经济发展，起到重点突破、以点带面的作用。

尤其是对于西部地区来说，其对外资缺乏吸引力，除基础设施落后、政府办事效率低等因素外，还有一个重要的原因就是西部地区远离我国的中心开放区，东部沿海地区的经济中心无法辐射到比较偏远的内陆地区。因此，有必要在中西部地区选择一些具有一定经济、科技、市场、人才基础的城市进行重点且大力度的扶持，把这些城市培养成中西部地区的具有

较强经济辐射力的“增长极”，将外资引入这些具有扩散效应的中心城市，即通过增长极所形成的资本与技术高度集中、规模经济效益以及对邻近地区产生强大辐射作用，以点带面，带动整个中西部地区逐步走向繁荣。这样不仅有利于提高外商投资的技术含量，而且也有利于中西部地区产业结构的优化。目前，中西部地区的重庆、武汉、西安、兰州等城市已成为增长极，应当注重将外资重点引入这些城市，以加快形成资本、技术相对密集的产业带和工业区，从而利用这些城市潜在的“扩散效应”与区域内要素调整相联系，包括增加周边地区与这些中心城市相互交流的机会。通过与周边地区的交流，这些中心城市的经济增长会增加周边地区居民和企业的收入水平；而在那些难以与之直接交流的周边地区存在人口与劳动力向这些中心城市迁移的可能，这样会提高当地的人均收入水平。从资本的角度看，这些中心城市为周边地区储蓄资金投资提供了机会，周边地区储蓄资金对这些中心城市的投资有利于区域内的资金在区域内投资并支付区域发展，延缓和减少资本的外流。周边地区可以从这些中心城市的扩散效应中间接受益。从长远看，周边地区可能可以直接从来自这些城市的投资资金流中受益。

5.3.4.2　产业倾斜与地区倾斜相结合，重点扶持中西部地区具有比较优势的产业，并设立专业开发区

改革开放以来，我国在吸引利用外商直接投资中实行了地区倾斜战略，该战略的实施，极大地促进了我国东部沿海地区经济的发展。但是，地区倾斜战略毕竟是一种非平衡战略，它是以地区利润率差别引导外商投资者做出投资决策的，必然带来一些消极影响，如导致区域政策环境不平等、不利于全国产业结构的协调和资源的合理配置，最重要的是在相当程度上扩大了我国地区间的差距。我国吸收利用外商直接投资中存在的一些问题，如各地区之间为了争夺外商投资而竞相出台引进外资的优惠政策，甚至过度竞争，从而导致产业布局混乱、资源浪费、经济效益降低，这与单纯实行地区倾斜战略有密切的关系。

对外商直接投资区域结构的调控，应当将地区倾斜与产业倾斜结合起来，以产业倾斜为主、地区倾斜为辅。所谓以产业倾斜为主，是指根据国家急需发展的重点产业、基础产业和瓶颈产业实施倾斜。产业倾斜是以产业作为其倾斜的重点，而不论这些产业分布的区域，从而使产业利润率差别成为引导外商投资者做出决策的主要因素。以产业倾斜为主，有利于弥补单纯地区倾斜产生的一些弊端；以产业倾斜为主，并不否定或排斥地区倾斜，而是以地区倾斜为辅，即地区倾斜度内容应与产业倾斜的内容基本

相一致，并将地区倾斜限制在一定的范围内，如对中西部的一些经济最不发达地区以及沿边少数民族地区实施地区倾斜。

中西部拥有丰富的矿产资源和生态资源，因此对一些能源工业、矿产开发行业、生态旅游业以及农产品加工业等资源密集型的行业具有一定的比较优势。可以充分发挥中西部地区的资源优势，在资源密集和工业集中的地区设立产业开发区，如农业开发区、工业开发区、牧业开发区、旅游开发区等，加大对中西部地区的石油、钢铁、煤炭、天然气的开采及加工产业的投资，以及对西部的旅游、生态农业等产业的扶持，实施与东部经济特区、经济技术开发区同等的优惠政策，以加快缩小东部地区与中西部地区的差异，进一步优化区域结构。实施在中西部地区形成一些产业链较长、产业关联度较高的优势行业，以带动外商投资企业逐步向中西部地区转移和扩散。

5.3.4.3 对外资提前开放中西部地区的服务业市场

由于服务业的市场是分割的，各地区的服务产品是不可流动的，因此，服务业外商投资企业要想占领中西部市场就必须到中西部地区投资，而不可能像制造业那样，在东部地区投资生产，在中西部地区销售。此外，金融、保险、物流、零售、房地产、社会服务业等本身既是服务性行业，同时也是投资和商务环境的重要组成部分。服务性行业的发展可以改善当地的投资环境，增加经济活动总量，活跃市场并可带动其他行业的发展，对外资产生吸引力。

5.3.4.4 加大与邻国经济的相互开放度，促进西部地区对外经贸的发展

西南与西北地区有较长的边境线，分别与南亚、中亚和俄罗斯接壤。“入世”之后，中国与邻国的贸易与投资关系得到了较快发展。依据一些国外机构的预测，21 世纪的前 10 年，全球经济发展最快的地区首推中华经济圈，其次是南亚地区，其中印度将保持 7%左右的增长速度，巴基斯坦、尼泊尔、斯里兰卡以及孟加拉国将维持 4%~5%的增速，经济增长会带动南亚各国需求的扩大，从而促进其对外贸易的发展，有利于中国扩展与这些国家的贸易与投资关系。中国与俄罗斯及中亚各国近几年经济发展迅速，经贸关系的互补性很强。中国对俄罗斯和中亚各国的出口商品主要是农产品、纺织品、轻工业产品及轻型机电产品，特别是消费类机电产品；主要进口商品是矿产品、金属及其制品、化学工业及其相关工业的产品、车辆、航空器、船舶及运输设备等。双方贸易关系具有明显的互补性。西部邻国经济发展对加快我国西部地区发展和增强西部地区对外资的

吸引力，将会产生积极的推动作用。

5.4　外商投资梯度转移与中心—外围扩散转移的有机结合

外商对华直接投资经历了从起步到发展阶段，随着投资目标区位的多元化，投资的空间结构不断演化。通过前面两节的分析，我们得出了外商对华直接投资的两种区位转移特征：一是“北上、西进”的梯度转移：从南部沿海地区向长江三角洲地区和北部沿海地区转移，从沿海向内陆逐步推移，但是外资仍然相对集中于东部地区，中部地区所占比重缓慢上升，西部仍处于低水平状态。二是中心—外围的扩散转移：投资从大城市向周围地区转移，从开放中心区向其周边地区扩散，沿海地区外资向所在省较落后地区转移的现象日益明显；西部地区投资有所增加，但主要集中于较好的中心城市（增长极），以此带动周边地区形成中心—外围发展。对于这两种转移模式各自的原因、存在的问题以及政策建议等方面也做了具体分析。

长期以来，我国吸收利用外商直接投资的区域结构是一种“东重西轻”的地区倾斜格局，无论是项目数量、协议金额，还是实际利用额，都大部分集中于东部沿海地区，而中西部地区则很少。这种格局对东部地区的经济发展起了巨大的促进作用。然而，如果长期维持这种区域结构格局，也会产生某些消极影响。

5.4.1　“东重西轻”的不平衡区域结构的消极作用

首先，扩大了我国地区间的经济水平差异。由于历史和自然等方面的原因，长期以来我国东部地区与中西部地区经济发展差距悬殊，而外商直接投资区域结构不合理，进一步加剧了我国已经较为严重的地区间的不平衡状况，并且这种区域差异越来越严重。

其次，加剧了瓶颈制约，不利于区域经济的协调发展。由于外商直接投资主要集中于东部沿海地区，加剧了该地区基础设施、能源、原材料供应以及交通运输的紧张状况，而我国中西部地区丰富的自然资源和较雄厚的工业基础却得不到充分的开发和利用。

最后，区域结构的地区倾斜格局不利于外商直接投资产业结构的改善，在一定程度上加剧了我国产业结构不合理的状况。因此，调整我国吸收利用外商直接投资的地区倾斜战略，加强对外商直接投资区域结构的宏观调控已经势在必行。

5.4.2 梯度转移的理论基础

梯度转移的理论基础是梯度理论及所推出的梯度不平衡开发战略理论。梯度理论认为：我国经济发展存在着区域不平衡性，这种不平衡性表现为东西向的梯度倾斜，分为东部、中部和西部三大地带，东部地区和部分中部地区虽然自然资源丰富，但技术力量薄弱，资金不足，大多数地区是“中间技术”，有的地区甚至还是“传统技术”。因此，在实现经济发展与经济增长目标的过程中，应当由东向西，使“先进技术”地带逐渐向“中间技术”地带、“传统技术”地带推移。随着经济的发展，通过推移的加速，逐步缩小地区差距。梯度理论对我国区域经济发展以及多层次对外开放基本格局的形成产生了一定的影响。中国地势由西向东分为三级阶梯，中国经济发展水平由东向西也分为三级阶梯，这表明“面上”的不平衡状态确实存在。

在现实经济和社会中，确实存在着发展梯度。所谓梯度，就是趋势面的倾斜程度，差异与距离产生梯度。任意两点之间的梯度为这两点的势位差除以这两点之间的“距离”。差异面之间有梯度，差异线之间有梯度，任意两点之间也可能存在梯度。从面、线、点之间的梯度性质来讲，又可以分为经济梯度、技术梯度、文化梯度等。梯度开发战略是针对社会经济发展存在面的不平衡现象而提出的。梯度开发战略依情况的不同而有三种形式：梯度不平衡开发战略、梯度平衡开发战略、梯度分工与协同开发战略。

5.4.3 梯度不平衡开发战略及在中国的运用和优点

梯度不平衡开发战略是一种发挥优势、强者先行、强化区域发展差异的战略，这是一国工业化初期常采用的战略。发展中国家在工业化初期，经济仅在一个低水平上循环，资金有限、技术水平低、各地经济差异并不大。为了吸引国内外资金、人才与技术，进行突破性开发与发展，以期打破经济发展长期停滞的局面，通常采用这种梯度不平衡开发战略。这种开发战略的结果之一是加剧了区域发展的不平衡性。

梯度不平衡战略的优点是：在停滞的经济体上，形成了新一轮经济增长极，通过它极有可能将整个经济体的发展带入更高的发展层次。20 世纪 80 年代，中国率先在沿海建立经济特区和开放城市，建立各种类型的开发区，然后依次向中西部地区推进，这种地域开放和开发战略就可以看作是一种梯度非平衡开发战略。

我国的对外开放以及吸收利用外商直接投资，采取逐步推进、多层次的地区战略，现已形成了“经济特区—沿海开放城市—沿海经济开放区—内地”这样一个多层次的区域结构。这种结构基本上是符合我国国情的，因为我国地区间的经济发展很不平衡，各地在经济、文化、政治等方面都存在着较大的差异，所以，我国对外开放以及吸收利用外商直接投资，从客观条件比较成熟的东部地区起步，逐渐、稳步地向中西部地区推移，与我国经济建设的发展战略相一致，符合我国经济发展的实际情况和特点。

5.4.4　中心—外围扩散转移的理论基础

中心—外围扩散转移的理论基础是增长极开发战略和点轴开发战略。

5.4.4.1　*增长极开发是增长极开发战略在地理与经济空间上的具体实施与表现形式*

增长极开发战略认为：

(1) 增长极是一种在某一给定环境中的产业推进型单元，或者是与周围环境相结合的一种成长性城镇推进型单元。该单元具有“极化效应”和“扩散效应”等。由于这些效应对区域存在正的或负的等多种影响，增长极开发战略要因地制宜和因时制宜。

(2) 城市经济区在发展的初中期阶段，由于资金不足，产业层次低，消费需求不足，其发展策略应采取非平衡发展战略。增长极开发战略是这种非平衡发展策略的主要形式之一。实施增长极开发战略就是要在某一具有推进能力的产业进行重点投资与发展，然后借助增长极的各种“效应”带动区域经济增长，促进城市体系的分化与形成。

(3) 增长极开发战略优点。可以促进区域发展分散化、调整国家城市体系结构，保持区际平衡。在城市经济极化程度非常高、社会经济都被大都市所控制的区域，经济空间结构非常畸形，区域经济效率与区域的国际竞争力反而不高。在这种情况下，一般采用在离大都市较远的地方规划与激活增长极，以调整空间结构，提高空间效率。

5.4.4.2 点轴开发战略的点即是增长极，点轴开发是一种地带开发，是点线面的结合，基本上呈现出一种立体网络结构的态势

点实际上是一些经济轰动中心（增长极），当一些主导部门和有创新能力的行业集中于一些地区或大城市，并以较快速度率先发展时，就形成了增长极。增长极所形成的资本与技术高度集中、规模经济效益以及对邻近地区产生强大辐射作用，不仅自身迅速增长，而且还可以带动相邻地区共同发展。从我国的情况来看，在我国中西部地区具有一批中心城市，已经形成了许多增长极。这些增长极的重要作用主要表现在以下三个方面：

首先，资本的集中和输出。集中于增长极的产业一般都拥有大量资本和生产能力，为了自身发展的需要，它们可以从其他产业吸引和集中大量资本；增长极的产业也可以向其他产业输出大量资本，在带动其他产业发展的同时也满足了自身发展的需要。

其次，技术的创新和扩散。集中于增长极的产业一般都具有不断进行技术创新的能力，不断推出新技术、新产品和新的生产组织方式，它们可以从其他产业吸引最新技术，同时又将自己的新技术扩散给其他产业，从而产生辐射效应。

最后，产生规模经济效益，集中于增长极的产业能使人口、资本、技术、生产和贸易等高度聚集，从而产生出规模经济效益。

点轴开发包含增长极开发因素，而所谓外围即增长极的周边地区。点轴开发是两个或两个以上增长极开发在空间上的轴向组合。中国在沿海、沿江、沿边主要铁路干线设立开放区及开放城市，是一种大型的复合型的点轴开发形式；美国田纳西流域开发，是一种扩大的点轴开发模式。

从动态的角度看，点轴开发模式是在增长极开发的基础上，由发展中地区所采用的一种有效空间组织形式。在这些地区，一般都经历了初期阶段的增长极开发，地区物质技术基础和经济实力大为增强，交通通信网络初步建立，而人口和制造业等经济活动迅速向一些城镇地区的集中，形成了启动地区经济发展的增长极。因而，要促进这类地区经济的进一步发展，关键是选择好重点开发轴线，采取轴线延伸、逐步积累的渐进式开发模式，即沿着重点开发轴线，配置一些新的增长极或增长点，或对轴线地带的原有增长中心、城镇中心进行重点开发，使之逐步形成产业密集地带（魏后凯，2001）。与增长极开发不同，点轴开发是一种地带开发，它对区域经济增长的推动作用要大于单纯的增长极开发。因为点轴开发在空间结

构上是点线面的结合，基本上呈现出一种立体网络结构的态势。它一方面可以转化城乡二元结构，另一方面又可以促使整个区域逐步向经济网络系统发展。从国内外的经验看，实行点轴开发的关键是选择好重点开发轴线。在一定时期内，重点开发轴线不宜太多，一般以 1~3 条为宜。重点开发轴线的选择，主要是根据以下原则：①以水陆交通干线为依托，实现产业布局与交通运输的最佳空间组合；②工业和城镇发展已有一定基础，且有较大的经济发展潜力；③自然条件优越，农业发展水平较高，同时资源特别是水资源丰富，或者要素的可供给性及空间组合良好；④轴线的开发，对广大的腹地地区乃至全国的经济发展所起的促进和带动作用较大（魏后凯，2001）。

5.4.5　FDI 的梯度转移与中心—外围扩散转移相结合

FDI 对华直接投资在空间区位上呈现出梯度转移和中心—外围扩散转移的两个典型特征，它们的出现与中国政府对中国地区的开发战略有密切的关系。梯度不平衡开发战略、增长极开发战略和点轴开发战略是中国政府的三大地区开发战略，它们对应于 FDI 的梯度转移与中心—外围扩散转移现象，三大开发战略各有优势，但是也各有缺陷。

5.4.5.1　梯度不平衡开发战略的缺陷

这种以梯度理论为基础的梯度转移战略存在一些缺陷：首先，与这种梯度推进相适应的地区倾斜政策，其政策效应使地区差距进一步扩大；其次，技术梯度的序列并不完全与引进技术的过程相一致，“先进技术”也可以先由中西部地区掌握，中西部地区已具有许多技术先进的企业足以证明；最后，中西部地区的经济发展水平从整体上看低于东部地区，但中西部地区仍存在着一些技术先进的地区，即存在着增长极，梯度转移恰恰忽视了增长极在经济发展中的作用。

“九五”期间，国家区域政策的重点逐步转向中西部地区，经济发展由东部向中西部转移的战略开始实施，梯度转移战略为绝大多数地区所接受。但实际情形是：1990 年以前，外资投向的区位变化明显受国家宏观政策的驱动，转移速度较快；而 20 世纪 90 年代全面开放格局形成以后，这种梯度转移速度有所减缓，目前区位优势较好，仍有一定市场发展空间的中部沿海地区在引进外资中仍然有较大优势，可见梯度转移不能脱离各区域的客观经济基础。在整个经济发展由东向西、由南向北梯度推进的过程中，对于中西部地区而言，完全指望通过梯度转移来实现区位优势是不现实的。

5.4.5.2　增长极开发战略的缺点

就区域内的贸易流来说，成功的规划型增长极可能对腹地产生严重的损害。大型低成本的公司在规划型增长极的发展过程中，当它主要服务于区外市场时，可能会将那些原先服务于腹地的小型高成本公司从区内排斥出去。随着产业向规划型增长极进一步集中，规划型增长极所产生的垂直分工系统将减少；来自腹地的贸易流将抑制腹地的生产增长，减少腹地的就业机会。如果区域交通状况得到改善，规划型增长极的增长需求会导致公共与私人服务的中心化，显然，这对腹地的居民家庭及公司极为不利。区际贸易流的改变也可能给腹地带来副作用。由于区际交通条件的改善，原来对腹地原材料和投入品有依赖的增长极公司，可能会在区外找到新的可以替代腹地的原材料和投入品基地。相对来说，增长极地区居民家庭收入的增加，将导致能替代腹地消费品的区外消费品输入的增加。在要素流动方面，人才与劳动力从腹地向增长极的流动，会削弱腹地企业的竞争能力，增长极不断增长的投资机会也会吸引腹地资金流入增长极，这对腹地现有的经济活动都将带来不利影响。

5.4.5.3　点轴开发战略的局限性

实施点轴开发一般需要具备一定的条件：①在经过第一阶段的点状开发后，初步形成了启动区域经济发展的增长极；②具备一定的物质技术基础和经济实力，能够提供进行大规模带状开发所需要的资金、技术和人才；③初步建立了一个高效畅通的交通网络系统，并具备一两条能作为重点开发轴线的主要交通干道（魏后凯，2001）。如果目前尚不具备这些条件，就应该进行前期的准备工作，如培育区域增长极、改善交通条件，为今后进行大规模的点轴开发创造条件。

5.4.5.4　梯度转移与中心—外围扩散转移相结合

正因为梯度转移与中心—外围扩散转移及所对应的三大开发战略各有优劣，因此，有必要将梯度转移与中心—外围扩散转移相结合，即将梯度不平衡开发战略、增长极开发战略和点轴开发战略相结合，并把其作为我国对外商直接投资区域结构的调控战略。这种区域结构的调控战略，将会进一步推进我国经济特区、沿海开放城市、沿海开放地带以及沿边、沿江和内陆中心城市的对外开放和吸收利用外商直接投资，充分发挥开放地区的辐射和带动作用，进一步加快我国主要交通干线沿线地带的开发开放；将会促进中西部地区吸收利用外商直接投资开发、利用自然资源，充分发挥增长极吸引和扩散功能的作用，推动整个中西部地区产业的发展。

以差异为依据，强化分工与协作，保持特色与联系，协同发展、共同发展，这将有利于缩小我国地区差距、优化外商直接投资的区域结构。总之，梯度转移与中心—外围扩散转移相结合将对经济发展起到重要的促进作用。

第 6 章 结论及进一步的研究

区位因素在外商直接投资中起着重要的作用，但是大多数的研究只是在 FDI 具有了区位结果的基础上分析区位因素，是一种事后研究行为，是在这种静态现象存在的基础上得出结论；同时，这些研究也只是对 FDI 区位选择的一次性选择行为进行静态的分析，而较少从 FDI 区位转移的动态角度来研究外商直接投资的区位行为。跨国经营作为企业生产经营地点的空间转移或延伸，对其研究必须从空间和区位问题着手，对 FDI 区位问题的研究也不应该仅仅停留在分析区位因素的层面上，而应该深入研究跨国公司 FDI 区位选择和转移的动因和变动模式。

6.1 本书的基本结论

本书研究的问题是跨国公司对外直接投资的区位转移问题，书中的一些基本结论归纳如下：

（1）界定了 FDI 区位转移，并且分析了 FDI 区位选择与 FDI 区位转移的联系和区别。本书基于 FDI 区位选择概念，界定了 FDI 区位转移的概念界定。FDI 区位转移是 FDI 从一个目标区位（东道国/地区）转向另一个目标区位（东道国/地区）的动态行为。我们通常意义上的 FDI 区位选择只是一次目标区位的选择行为，而区位转移则是在现有区位基础上的二次选择行为，即区位的再选择、再定位。FDI 区位转移可以视为一系列动态的区位选择过程，因此从理论上讲，在很大程度上区位选择的决定因素同时也是区位转移的决定因素。

（2）分析了区位选择因素的动态性，从而区位因素的变动将会成为 FDI 区位变动的基本动因。本书首先阐述了影响跨国公司的区位因素和跨国公司的区位选择模式，进而通过对跨国公司对外直接投资理论中有关区位优势和区位因素的分析，阐释了 FDI 区位选择理论中区位因素的动态性。同时，在第 3 章中 FDI 区位影响因素的变动和第 5 章中外商直接投资对我国区位选择因素的动态性要求，也说明了区位选择因素的动态性。FDI 区位因素的动态变化，将会促使跨国公司把投资转向更合适的目标区位，从而发生 FDI 的区位转移。

（3）构建了 FDI 区位转移的一般模式。本书首先借鉴空间经济学中聚集力和扩散力的概念①，结合促使 FDI 在不同区位之间进行转移的影响因素，得出了引起 FDI 区位转移的推力和拉力。随后，本书引入了企业迁移的理论，应用于对外商投资企业区位变迁的分析，说明了 FDI 区位转移的变动过程。推力和拉力因素与 FDI 区位转移的过程相结合，从而构建了 FDI 区位转移的一般模式。

从 FDI 区位转移的一般模式可以得出一些有益的政策启示，东道国政府需要根据跨国公司所关注的区位优势的变动，时刻注意提升并创造自己特有的区位优势，以保持对外国直接投资的持续吸引力。

在一般模式的基础上，通过进一步引入空间经济学的相关原理（包括增长极理论、中心—外围模型理论、梯度转移理论和产业聚集力理论），可以得出 FDI 区位转移的具体模式，为以后章节的实证分析作了理论上的铺垫。

（4）通过世界范围内 FDI 区位转移的具体案例，检验了 FDI 区位转移一般模式的适用性。首先，检验了引起 FDI 区位转移的推力和拉力因素。借助企业迁移和盈利空间界限的理论，通过案例检验了两种影响投资区位转移的因素——要素成本和公共补贴。其次，从国际产业转移的角度分析了 FDI 区位转移，从而验证了 FDI 区位转移的一般模式。以日本和美国对中国及东亚其他国家和地区（包括东盟和“亚洲四小龙”）的投资变化为例，考察了中国在吸收日本和美国 FDI 的过程中对东亚其他国家和地区的影响，从而阐释了区位优势相似东道国之间的投资转移。

（5）基于 FDI 区位转移的一般模式，结合中国的 FDI 转移情况，得出了 FDI 在华区位转移的具体模式，进一步证实了一般模式的适用性。本书引入空间经济学的一些具体模型②，用于分析中国的 FDI 转移现象，得出了在中国的 FDI 区位转移的具体模式：梯度转移模式和中心—外围扩散转移模式。通过分析这两种模式产生的具体原因及存在的问题，结合政府的

① FDI 区位因素的变动，并不能必然引起 FDI 的区位转移，它们之间还需要有一个传导机制，这就是本书引入聚集力和扩散力的目的所在。

② 详见第 3 章第 3.3 节以及第 5 章第 5.2 节和第 5.3 节的一些论述。

一些开发战略，建议将这两种转移模式结合起来促进我国区域经济的协调发展。

1）外商对华直接投资的梯度转移模式。通过分析外商对华直接投资区域分布的变化，得出了外商对华直接投资的梯度转移模式：改革开放以来，我国吸引的外商直接投资大部分分布于东部沿海地区，但也呈现出“北上、西进”的梯度转移趋势。本书对外商直接投资“北上”的主要因素和向中西部地区转移中存在的问题进行了分析，并提出了政策建议。

2）外商对华直接投资的中心—外围扩散转移模式。通过地理集中指数的测算，可以得出外商对华直接投资高度集中的态势有所减弱，表现出中心—外围扩散转移的模式。具体表现为：外商对华直接投资从大城市逐渐向周围地区推移，东部沿海地区外资从开放中心区向其周边地区扩散，沿海地区外资向所在省较落后地区转移。本书进而分析了外资企业向东部省份的落后地区及向中西部地区进行投资转移的考虑因素并提出了政策建议。

3）梯度转移与中心—外围扩散转移的结合。FDI 梯度转移模式和中心—外围扩散转移模式各有优劣，因此，本书建议将梯度转移与中心—外围扩散转移结合起来，采取一些政策促进 FDI 在国内合理有序地转移，从而促进我国区域经济的协调发展。

6.2 进一步研究的方向

作为本书的结尾部分，在此有必要谈及本书的不足，进而确定今后进一步研究的方向。

本书尝试从一般化角度进行研究，构建 FDI 区位转移的一般模式，其研究结果具有普遍意义。因而，本书重点在于对 FDI 进行整体的区位转移分析，没有区分 FDI 的具体类型，也没有考察不同职能部门的转移。事实上，不同来源国、行业、进入动机和进入方式的 FDI 对各种区位因素的关注程度有所不同，因而引起不同类型的 FDI 进行区位转移的具体因素也是有差异的，从跨国公司的职能部门来看，生产部门、R&D 部门、地区总部的区位转移也会有其本身所特有的区位因素。对这些问题的具体考察，有助于对 FDI 区位转移问题研究的进一步深化，因此，FDI 具体类型和职能部门的区位转移问题将是今后进一步研究的方向。

参考文献

中文

［1］阿尔弗雷德·韦伯. 工业区位论［M］. 李刚剑等译. 北京：商务印书馆，1997.

［2］安虎森. 空间经济学原理［M］. 北京：经济科学出版社，2005.

［3］保罗·克鲁格曼. 发展、地理学与经济理论［M］. 蔡荣译. 北京：北京大学出版社，中国人民大学出版社，2000.

［4］保罗·克鲁格曼. 地理和贸易［M］. 张兆杰译. 北京：北京大学出版社，中国人民大学出版社，2000.

［5］布雷克曼·S.，H. 盖瑞森，C. 范·马勒惠克. 地理经济学［M］. 西南财经大学文献中心翻译部译. 成都：西南财经大学出版社，2004.

［6］陈栋生. 中国区域经济新论［M］. 北京：经济科学出版社，2004.

［7］陈素谊，邵波. 广东省外商直接投资取向及其影响分析［J］. 中北大学学报，2005（1）.

［8］陈秀山，张可云. 区域经济理论［M］. 北京：商务印书馆，2003.

［9］程惠芳. 入世与国际直接投资发展［M］. 上海：世界图书出版公司，2000.

［10］崔新健. FDI 微观理论：OL 模型［J］. 管理世界，2001（3）.

［11］崔新健. 外商对华直接投资的决定因素［M］. 北京：中国发展出版社，2001.

［12］崔新健. 外商对华直接投资决定因素的实证分析［J］. 当代经济科学，2000（4）.

［13］崔新健. 外商直接投资宏观理论：DS 模型［J］. 外国经济与管理，2003（4）.

[14] 樊新生，李小建. 中国工业产业空间转移及中部地区发展对策研究 [J]. 地理与地理信息科学，2004 (2).

[15] 冯之浚. 西部大开发若干重大问题的思考. 中国外资网 (http://www. chinafdi. com).

[16] 付晓东，胡铁成. 区域融资与投资环境评价 [M]. 北京：商务印书馆，2004.

[17] 傅元海，彭民安，罗志辉. FDI 区位研究综述 [J]. 湖南行政学院学报，2005 (1).

[18] 贺灿飞，陈颖. 港澳地区对中国内地直接投资的区位选择及其空间扩散 [J]. 地理科学，1997 (3).

[19] 贺灿飞，梁进社. 中国外商直接投资的区域分异及其变化 [J]. 地理学报，1999 (3).

[20] 贺灿飞，刘洋. 产业地理集中研究进展 [J]. 地理科学进展，2006 (2).

[21] 贺灿飞，魏后凯. 信息成本、集聚经济与中国外商投资区位 [J]. 中国工业经济，2001 (9).

[22] 贺灿飞. 外商直接投资区位：理论分析与实证研究 [M]. 北京：中国经济出版社，2005.

[23] 黄朝永. 广东外资空间分布与变化研究 [J]. 地理学与国土研究，2000 (6).

[24] 江小涓，杜玲. 国外跨国投资理论研究的最新进展 [J]. 世界经济，2001 (6).

[25] 江心英. 国际直接投资地域结构动因理论及其实证研究 [D]. 东北师范大学博士学位论文，2002.

[26] 江心英. 国际直接投资区位选择综合动因假说 [J]. 国际贸易问题，2004 (6).

[27] 姜岩. 跨国公司对华直接投资区位选择战略研究与借鉴 [J]. 人文杂志，2003 (3).

[28] 克拉克·G. L.，M. P. 费尔德曼，M. S. 格特勒. 牛津经济地理学手册 [M]. 刘卫东等译. 北京：商务印书馆，2005.

[29] 李国平，杨开忠. 外商对华直接投资的产业与空间转移特征及其机制研究 [J]. 地理科学，2000 (2).

[30] 李国平. 对外直接投资的区位选择与基本分析框架 [J]. 北京大学学报，2000 (1).

［31］李具恒. FDI 的区位选择与区域经济发展［J］. 中国软科学，2004（6）.

［32］李立新，金润圭. 在华外商不同来源体 FDI 区位因素比较分析［J］. 中国软科学，2002（7）.

［33］李小建. 公司地理论［M］. 北京：科学出版社，1999.

［34］李小建. 香港对大陆投资的区位变化与公司空间行为［J］. 地理学报，1996（3）.

［35］联合国贸发会议跨国公司与投资司. 1998 年世界投资报告：趋势与决定因素［M］. 冼国明，张岩贵总译校. 北京：中国财政经济出版社，1999.

［36］梁琦，刘厚俊. 产业区位生命周期理论研究［J］. 南京大学学报，2003（5）.

［37］梁琦. 从空间集聚要素看距离的影响［J］. 南开经济研究，2003（3）.

［38］梁琦. 跨国公司海外投资与产业集聚［J］. 世界经济，2003（9）.

［39］卢根鑫. 国际产业转移论［M］. 上海：上海人民出版社，1997.

［40］卢根鑫. 试论国际产业转移的经济动因及其效应［J］. 国民经济管理与计划，1994（4）.

［41］鲁明泓. 国际直接投资区位决定因素［M］. 南京：南京大学出版社，2000.

［42］鲁明泓. 外商直接投资区域分布与中国投资环境评估［J］. 经济研究，1997（12）.

［43］鲁明泓. 制度因素与国际直接投资区位分布：一项实证研究［J］. 经济研究，1999（7）.

［44］鲁明泓. 中国不同地区投资环境的评估与比较［J］. 经济研究，1994（2）.

［45］陆大道. 论区域的最佳结构和最佳发展［J］. 地理学报，2001（2）.

［46］陆大道. 区域发展及其空间结构［M］. 北京：科学出版社，1998.

［47］陆建新. 区位政策环境差异对 FDI 决策的影响［J］. 上海经济研究，2002（9）.

［48］马丽，刘毅. 经济全球化下的区域经济空间结构演化研究评述

[J]. 地理科学进展，2003 (2).

[49] 毛蕴诗，蒋敦福. 当代跨国公司撤资理论及其新发展 [J]. 四川大学学报 (哲学社会科学版)，2002 (2).

[50] 邱慧芳. 从区位论看跨国公司的投资地点选择 [J]. 国际贸易问题，1999 (10).

[51] 邱慧芳. 国际直接投资——基于空间经济与区位的一般研究 [D]. 华中科技大学博士学位论文，2004.

[52] 任太增. 比较优势理论与梯度产业转移 [J]. 当代经济研究，2001 (11).

[53] 商务部“沿海外资梯度转移”课题组. 沿海地区外商投资“北上西进”的特点及发展趋势 [J]. 中国外资，2004 (4).

[54] 商务部和中国社会科学院联合课题组. 我国外商投资梯度转移问题研究 [J]. 中国工业经济，2004 (4).

[55] 商务部外资司. 中国外商投资报告 (2003~2006) [EB/OL]. 中国投资指南，http：//www. fdi. gov. cn.

[56] 孙俊. 中国 FDI 地点选择的因素分析 [J]. 经济学，2002 (3).

[57] 唐宜红. 外资进入行为研究 [M]. 北京：人民出版社，2003.

[58] 滕维藻，陈荫枋. 跨国公司概论 [M]. 北京：人民出版社，1991.

[59] 田贵明. 影响跨国公司直接投资的区位因素与吸引外资的政策取向 [J]. 世界经济与政治，2002 (10).

[60] 王剑. 外国直接投资区域分布的决定因素——基于空间计量学的实证研究 [J]. 经济科学，2004 (5).

[61] 王云玺. 中国的区位优势与跨国公司对华投资的区位选择战略 [J]. 改革与战略，1999 (2).

[62] 魏后凯，贺灿飞，王新. 外商投资区位研究的理论前沿及最新进展 [J]. 上海行政学院学报，2001 (4).

[63] 魏后凯，贺灿飞，王新. 外商在华直接投资动机与区位因素分析——对秦皇岛市外商直接投资的实证研究 [J]. 经济研究，2001 (2).

[64] 魏后凯，贺灿飞，王新. 中国外商投资区位决策与公共政策 [M]. 北京：商务印务馆，2002.

[65] 魏后凯. 产业转移的发展趋势及其对竞争力的影响 [J]. 福建论坛，2003 (4).

[66] 魏后凯. 加入 WTO 后中国外商投资区位变化及中西部地区吸引

外资前景//陈栋生. 中国区域经济新论 [M]. 北京: 经济科学出版社, 2004.

[67] 魏后凯. 欧美日韩在华制造业投资的区位决定 [J]. 中国工业经济, 2000 (11).

[68] 魏后凯. 外商投资区位变迁及经济影响 [J]. 重庆工商大学学报, 2004 (4).

[69] 魏后凯. 外商直接投资对中国区域经济增长的影响 [J]. 经济研究, 2002 (4).

[70] 魏后凯. 我国外商投资的区位特征和变迁 [J]. 经济纵横, 2001 (6).

[71] 魏后凯. 现代区域经济学 [M]. 北京: 经济管理出版社, 2006.

[72] 武剑. 外国直接投资的区域分布及其经济增长效应 [J]. 经济研究, 2002 (4).

[73] 肖卫国. 跨国公司海外直接投资研究 [M]. 武汉: 武汉大学出版社, 2002.

[74] 肖政, 维克特·盖斯特勒格. 影响外商直接投资的因素: 兼论中国沿海与西部地区差别 [J]. 世界经济, 2001 (3).

[75] 邢建国. 对外直接投资: 战略抉择 [M]. 北京: 经济科学出版社, 2003.

[76] 徐艳梅, 李玫. 跨国公司投资转移及撤退的实证分析 [J]. 中国软科学, 2003 (1).

[77] 徐璋勇. 对西部大开发中几个关键问题的分析与思考 [J]. 河南师范大学学报, 2001 (2).

[78] 许学强, 李胜学. 改革开放以来广东省利用外资的时空差异特征 [J]. 地理学报, 1995 (2).

[79] 杨安娣. 区域势能与国际直接投资研究 [D]. 东北师范大学博士学位论文, 2002.

[80] 曾国军. 外商直接投资在华区位选择的影响因素研究 [J]. 学术研究, 2005 (11).

[81] 詹晓宁, 葛顺奇. 全球与区域 FDI 的前景评估: 一项对全球投资促进机构的调查 [J]. 国际经济评论, 2003 (11-12).

[82] 詹晓宁. 外国直接投资的趋势、政策及投资战略促进定位 [J]. 南开经济研究, 2002 (6).

[83] 张汉亚, 张长春. 投资环境研究 [M]. 北京: 中国计划出版

社，2005.

［84］张健. 外商直接投资区域选择［M］. 北京：经济科学出版社，2006.

［85］张文忠. 经济区位论［M］. 北京：科学出版社，2000.

［86］张晓平，陆大道. 近20年美国对外直接投资结构的变化及影响因素分析［J］. 经济地理，2002（5）.

［87］张晓平. 美国对外直接投资的区域和行业分布变化［J］. 世界地理研究，2001（3）.

［88］张岩贵. 国际直接投资及其波动性［M］. 北京：经济科学出版社，2001.

［89］张岩贵. 境外公司在华直接投资及其经济影响［M］. 北京：经济科学出版社，1997.

［90］赵娟. 集聚经济与外资的流入——对珠三角制造业的实证分析［J］. 特区经济，2005（2）.

［91］郑京淑. 跨国公司的区位体系与世界经济［M］. 广州：中山大学出版社，2004.

［92］郑京淑. 日本跨国公司对外直接投资的区位研究［J］. 世界地理研究，1998（2）.

［93］周文贵，缪慧. 外商在华投资的区位转移与珠三角和长三角的"双赢"战略［J］. 海南金融，2005（10）.

［94］周玉翠，齐清文，冯灿飞. 近10年中国省际经济差异动态变化特征［J］. 地理研究，2002（6）.

［95］朱云鹃. 外商投资的区位变动分析［J］. 资源开发与市场，2003（1）.

［96］邹积亮. 企业迁移的动因研究［J］. 长沙理工大学学报，2005（4）.

英文

［1］Agarwal J., S. Ramaswami. Choose of Foreign Market Entry Mode: Impact of Ownership, Location and Internalization Factors［J］. The Journal of International Business Studies, 1992（23）.

［2］Arndt Sven W. Fragmentation: New Production Patterns in the World Economy［M］. Oxford: Oxford University Press, 2001.

[3] Bagchi-Sen S., J. O. Wheeler. A Spatial and Temporal Model of Foreign Direct Investment in United States [J]. Economic Geography, 1989 (2).

[4] Bajo-Rubia S., S. Sosvilla-Rivero. An Economic Analysis of Foreign Direct Investment in Spain [J]. Southern Economic Journal, 1994, 61 (1).

[5] Benito Gabriel R., Geir Gripsrud. The Internationalization Process Approach to the Location of Foreign Direct Investments: An Empirical Analysis. In M. B. Green and R. B. McNaughton (eds.) The Location of Foreign Direct Investment: Geographic and Business [J]. Approaches, Brookfield, Avebury, 1995.

[6] Billington, Nicholas. The Location of Foreign Direct Investment: An Empirical Analysis [J]. Applied Economics, 1999 (1).

[7] Braunerhjelm P., R. Svenson. Host Country Characteristics and Agglomeration in Foreign Direct Investment [J]. Applied Economics, 1996 (28).

[8] Caves R. E. Multinational Enterprises and Economic Analysis. New York, Cambridge University Press.

[9] Chakrabarti Avik. A Theory of the Spatial Distribution of Foreign Direct Investment [J]. International Review of Economics and Finance, 2003 (12): 149-169.

[10] Chakrabarti Avik. The Determinants of Foreign Direct Investment: Sensitivity Analyses of Cross-Country Regressions [J]. Kyklos, 54 (1): 89-113.

[11] Chen C. H. Provincial Characteristics and Foreign Direct Investment Location Decision within China. Chinese Economy Research Unit Working Paper [J]. University of Adelaide, 1997 (16).

[12] Chen C. H. Regional Determinants of Foreign Direct Investment in Mainland China [J]. Journal of Economic Studies, 1996 (2).

[13] Cheng Leonard K., Yum K Kwan. What are the Determinants of the Location of Foreign Direct Investment? The Chinese Experience [J]. Journal of International Economics, 2000 (51).

[14] Clickman Norman J., Douglas P. Wood. The Location Foreign Direct Investment in the U. S. Patterns and Determinants [M]. International Regional Science Review, 1988.

[15] Coughlin C., J. Terza and V. Arromdee. State Characteristics and the Location of FDI within the United States [J]. Review of Economics and Statistics, 1991 (73).

[16] Coughlin C., Segev E. Foreign Direct Investment in China: A Spatial Econometric Study [J]. The World Economy, 2000 (23).

[17] Cui C. The Evolutionary Process of Global Market Expansion: Experiences of MNCs in China [J]. Journal of World Business, 1998 (1).

[18] Culem C. G. The Locational Determinants of Direct Investments among Industrialised Countries [J]. European Economic Review, 1988 (32): 885-904.

[19] Davidson William. The Location of Foreign Direct Investment Activity: Country Characteristics and Experience Effects [J]. Journal of Public Economics, 1980 (68).

[20] Deverux M. P., R. Griffith. Taxes and the Location of Production: Evidence from a Panel of US Multinationals [J]. Journal of Public Economics, 1998 (68).

[21] Dicken P., P. E. Lloyd. Location in Space: Theoretical Perspective in Economic Geography [M]. Harper and Row, 1990.

[22] Dicken P. Global Shift: Transforming the World Economy [M]. Paul Chapman Publishing LTD, 2000.

[23] Dunning J. H. Determinants of Foreign Direct Investment: Globalization Induced Changes and the Role of FDI Policies [M]. London: The Economist Intelligence Unit, 2002.

[24] Dunning J. H. Explaining Changing Patterns of International Production: In Defence of the Eclectic Theory [M]. Oxford: Oxford Bulletin of Economics and Studies, 1979.

[25] Dunning J. H. International Production and the Multinational Enterprises [M]. London: Allen and Unwin, 1981.

[26] Dunning J. H. Internationalizing Porter's Diamond. Management International Review, 1993.

[27] Dunning J. H. Location and the Multinational Enterprise: A Neglected Factor [J]. Journal of International Business Studies, 1998 (29).

[28] Dunning J. H. Reappraising the Eclectic Paradigm in the Age of Alliance Capitalism [J]. Journal of International Business Studies, 1995 (26).

[29] Dunning J. H. The Determinants of International Production [J]. Oxford Economic Papers, 1973 (3).

[30] Dunning J. H. The Eclectic Paradigm as an Envelope for Economic

and business Theories of MNE Activity [J]. International Business Review, 2000 (9).

[31] Dunning J. H. The Eclectic Paradigm of International Production: A Restatement and Some Possible Extensions [J]. Journal of International Business Studies, 1988: 1-31.

[32] Dunning J. H. Trade, Location of Economic Activity and the MNE: A Search for an Eclectic Approach. In B. Ohlin (eds.) London: The International Allocation of Economic Activity, 1977.

[33] Friedman Joseph, Daniel A. Gerlowski and Jonathan Silberman. What Attracts Foreign Multinational Corporations? Evidence from Branch Plant Location in the United States [J]. Journal of Regional Science, 1992 (32).

[34] Friedmann J. R. P. A General Theory of Polarized Development. In: N. M. Hansen, Growth Centers in Regional Economic Development [M]. New York: The Free Press, 1972.

[35] Fujita M., P. Krugman and A. Venables. The Spatial economy: Cities, Regions, and International Trade [M]. Cambridge MA: The MIT Press, 1999.

[36] Fujita M., Hu Dapeng. Regional Disparity in China, 1985-1994: The Effects of Globalization and Economic Liberalization [J]. Annals of Regional Scicence, 2001 (35).

[37] Fujita M., Thisse J. Economics of Agglomeration [J]. Journal of Japanese and International Economics, 1996 (10).

[38] Gong H. M. Spatial Patterns of Foreign Investment in China's Cities, 1980-1989 [J]. Urban Geography, 1995 (3).

[39] Grosse R., Trevino L. J. Foreign Direct Investment in the U. S.: An Analysis by Country of Origin [J]. Journal of International Business Studies, 1996, 27 (1).

[40] Hanink D. M. The International Economy: A Geographical Perspective [M]. New York: John Wiley and Sons, 1994.

[41] He C., Chen Y. Locational Distribution and Spatial Diffusion of Direct Investment from Hong Kong and Macao in Mainland China [J]. Chinese Geographical Science, 1997 (7).

[42] He C. Information Costs, Agglomeration Economies and the Location of Foreign Direct Investment in China [J]. Regional Studies, 2002 (36).

[43] He C. Location of Foreign Manufacturers in China: Agglomeration Economies and Country of Origin Effects [J]. Papers in Regional Sciences, 2003 (82).

[44] Head C. K., Ries J. Inter-City Competition for Foreign Investment: Static and Dynamic Effects of China's Incentives Areas [J]. Jour-nal of Urban Economics, 1996 (40).

[45] Head K. J. Ries, D. Swenson. Agglomeration Benefits and Location Choice: Evidence from Japanese Manufacturing Investment in the United States [J]. Journal of International Economics, 1995 (38): 223-247.

[46] Head K. J. Ries, D. Swenson. Attracting Foreign Manufacturing Investment Promotion and Agglomeration [M]. London: Ashgate Publishing Limited, 1998.

[47] Helleiner G. K. Manufactured Exports from Less-Developed Countries and Multinational Firms [J]. Economic Journal, 1973 (3).

[48] Hill S., M. Munday. The Regional Distribution of Foreign Direct Investment in the UK [J]. Regional Studies, 1992 (26).

[49] Hongmian G. Spatial Patterns of Foreign Investment in China's Cities, 1980-1989 [J]. Urban Geography, 1995, 16 (3).

[50] Hymer S. The International Operations of National Firms: A Study on Direct Investment [M]. PHD Dissertation M Cambridge: The MIT Press, 1960.

[51] Karlsson C., Johansson B. Towards a Dynamic Theory for the Spatial Knowledge Economy [M]. CESIS Working Paper, 2004.

[52] Kogut B., Chang S. J. Platform Investments and Volatile Exchange Rates: Direct Investment in the United States by Japanese Electronic Companies [J]. The Review of Economics and Statistics, 1996 (78).

[53] Krugman P. Increasing Returns Economics Geography [J]. Journal of Political Economy, 1991 (99).

[54] Kueh Y. Y. Foreign Investment and Economic Change in China [J]. The China Quarterly, 1992 (131): 637-681.

[55] Leung C. K. Locational Characteristics of Foreign Equity Joint Venture Investment in China, 1979-1985 [J]. Professional Geographer, 1990 (4).

[56] Lipsey Robert E. Interpreting Developed Countries' Foreign Direct Investment [N]. NBER Working Paper, 2000.

[57] Loree D. W., Guisinger S. E. Policy and Non-Policy Determinants of US Equity Foreign Investment [J]. Journal of International Business Studies, 1995, 26 (2).

[58] Lu Max, Wang Enru. Forging Ahead and Falling Behind: Changing Regional Inequalities in Post-Reform China [J]. Growth and Change, 2002 (33).

[59] Luger M., Shetty S. Determinants of Foreign Plant Start-Ups in the United States: Lessons for Policy-Makers in the Southeast [J]. Vanderbit Journal of Transnational Law, 1985 (18).

[60] Luo Yadong. Time-Based Experience and International Expansion: The Case of an Emerging Economy [J]. Journal of Management Studies, 1999 (36).

[61] Macdougal G. D. A. The Benefits and Costs of Private Investment from Abroad: A Theoretical Approach [J]. Economic Record, 1960 (26): 13-35.

[62] Mariotti S., L. Piscitello. Information Costs and Location of Foreign Direct Investments within the Host Country: Empirical Evidence from Italy [J]. Journal of International Business Studies, 1995 (4).

[63] Mei W. Relocation and agglomeration of Chinese industry [J]. Journal of Development Economics, 2004, 73 (1).

[64] Mello L. R. Jr. Foreign Direct Investment-Led Growth: Evidence from Time Series and Panel Data [N]. Oxford Economic Papers, 1999.

[65] Michael J. Ryan. The Dynamic Pattern of Foreign Direct Investment: Empirical Evidence from Japanese Firm-Level Data. Indiana University, Doctoral Level, 2001.

[66] Milford B., Rod B. McNaughton (eds). The Location of Foreign Direct Investment: Geographic and Business Approaches, Avebury, Brook-field USA.

[67] Nakosteen R. A., M. A. Zimmer, Determinants of Regional Migration by Manufacturing Firms [J]. Economic Inquiry, 1987 (50).

[68] Ng L. F. Y., Tuan C. Location Decisions of Manufacturing FDI in China: Implications of China's WTO Accession [J]. Journal of Asian Economics, 2003, 14 (1).

[69] Parry T. G. The International Location of Production: Studies in the Trade and Non-Trade Servicing of International Markets by Multinational Manu-

facturing Enterprise [D]. PHD Thesis, University of London, 1975.

[70] Porter M. E. The Competitive Advantage of Nations [M]. New York: The Free Press, 1990.

[71] Qu T., M. B. Green. Chinese Foreign Direct Investment: A Sub-Nnational Perspective on Location [M]. Ashgate, Brookfield, 1997.

[72] Robert, Nicoud, Frederic. The Structure of Simple "New Economic Geography" Models [M]. Mimeo: London School of Economics, 2002.

[73] Rosen Daniel H. Behind the Open Door: Foreign Enterprises in the Chinese Marketplace [R]. Institute for International Economics, Washington, DC, Council on Foreign Relations, New York, NY, 1999.

[74] Rugman A. A New Theory of the Multinational Enterprise: Internationalization Versus Internalization [J]. The Columbia Journal of World Business, 1980 (1).

[75] Shen Jianfa, Kwan-Yiu Wong, Kim-Yee Chu and Zhiqiang Feng. The Spatial Dynamics of Foreign Investment in the Pearl River Delta, South China [J]. The Geographical Journal, 2000, 12 (4): 312-322.

[76] Smith D. F., R. Florida. Agglomeration and Industrial Location: An Economic Analysis of Japanese Affiliated Manufacturing Establishments in Automotive-Related Industries [J]. Journal of Urban Economics, 1994 (36).

[77] Smith D. M. Industrial Location: An Economic Analysis [M]. New York: John Wiley and Sons, 1971.

[78] Steven Brakman, Harry Garretsen and Charles van Marrewijk. An Introduction to Geographical Economics [M]. Cambridge: Cambridge University Press, 2001.

[79] Stutz F. P., de Souza A. The World Economy: Resources, Location, Trade and Development [M]. Upper Saddle River, New Jersey: Prentice Hall, 1988.

[80] Sun Haishun, Frank B. Tipton. A Comparative Analysis of the Characteristics of Direct Foreign Investment in China, 1979-1995 [J]. The Journal of the Developing Areas, 1998 (2).

[81] Sun Haishun. Foreign Investment and Economic Development in China: 1979-1996 [M]. London: Ashgate Publishing Limited, 1998.

[82] Tse D. K., Y. Pan, K. Y. Au. How MNCS Choose Entry Modes and form Alliances: The China Experience [J]. The Journal of International Business

Studies, 1997 (28).

[83] UNCTAD. World Investment Report 2002-2006 [R]. New York and Geneva: United Nations, 2002-2006.

[84] US Foreign Direct Investment Abroad on the Historical Position Basis (1982-1999) [C]. Bureau of Economic Analysis, Department of Commerce, U. S. A, 2001.

[85] Van Dijk J., P. H. Pellenbarg. Firm Relocation Decision in the Nertherlands: An Ordered Logit Approach [J]. Papers in Regional Science, 2000 (79).

[86] Venables A. J. Equilibrium Locations of Vertically Linked Industries [J]. International Economic Review, 1996 (37).

[87] Vernon R. International Investment and International Trade in the Product Cycle [J]. Quarterly Journal of Economics, 1966 (80).

[88] Vernon R. The Location of Economic Activity, in Dunning J. H. (ed), Economic Analysis and the Multinational Enterprise, Allen and Unwin, London. 1974.

[89] Vernon R. The Product Cycle Hypothesis in a New International Environment [J]. Oxford Bulletin of Economic Statistics, 1979 (41).

[90] Wei Y., X. Liu, D. Parker and K. Vaidya. The Regional Distribution of Foreign Direct Investment in China [J]. Regional Studies, 1999 (33).

[91] Wei Yehua. Multiscale and Multimechanisms of Regional Inequality in China: Implications for Regional Policy [J]. Journal of Contemporary China, 2002 (11).

[92] Wheeler D., Mody A. International Investment Location Decisions: The Case of U. S. Firms [J]. Journal of International Economics, 1992 (33).

[93] Williamson O. E. The Economic Institutions of Capitalism [M]. New York: Free Press, 1985.

[94] Woodward D. P., Rolfe R. J. The Location of Export-oriented Foreign Direct Investment in the Caribbean Basin [J]. Journal of International Business Studies, 1993 (24).

[95] Woodward D. P. Locational Determinants of Japanese Manufacturing Start-Ups in the United States [J]. Southern Economic Journal, 1992 (58): 690-708.

[96] World Bank. The East Asian Miracle: Economic Growth and Public

Policy [R]. New York: Oxford University Press, 1993.

[97] Wu Xiaohong, Roger Strange. The Location of Foreign Insurance Companies in China [J]. International Business Review, 2000 (9).

[98] Yamawaki, Hideki. Locational Decisions of Japanese Multinational Firms in European Manufacturing Industries. in Kirsty S. Hughes. ed. European Competitiveness [M]. Cambridge: Cambridge University Press, 1993.

[99] Yu C. M., Ito K. Oligopolistic Reaction and Foreign Direct Investment: The Case of U. S. Tire and Textile Industry [J]. Journal of International Business Studies, 1988 (19).

[100] Yu Chwo-Ming Joseph. The Experience Effect and Foreign Direct Investment [J]. Weltwirtschaftliches Archiv, 1990 (126).

[101] Zhang K. H. Does Foreign Direct Investment Promote Economic Growth? Evidence from East Asia and Latin America [J]. Contemporary Economic Policy, 2001, 19 (2).

[102] Zhao H., Zhu G. Location Factors and Country of Origin Differences: An Empirical Analysis of FDI in China [J]. Multinational Business Review, 2000 (8).